¿Cómo Te Va Con Eso?

Un Plan para Pasar
De la Lucha Diaria a la Libertad

Robert Hollis

Entrenador de 44 Millonarios

Con **Max J. Miller**

Autor, *How Do You Know That?*
(¿Cómo sabes eso?)

Traducción al español por Maria Krebs

MAXIMPACT
MEDIA.COM

Newport Coast, California
www.MaxImpactMedia.com

¿Cómo te va con eso?

© 2012 Robert Hollis y Max J. Miller

www.comotevaconeso.com
www.HowIsThatWorking.com
www.MaxImpactMedia.com
http://www.comovaeso.com
www.TheWayOutIsUP.com
www.GivingItForward.com
www.maxjmiller.com

1 3 5 7 9 10 8 6 4 2

Library of Congress Cataloging-in-Publication Data
Hollis, Robert, 1962 – Miller, Maxwell J., 1957 –
¿Cómo te va con eso? *Un Plan para Pasar de la Lucha Diaria a la Libertad*

Primera Edición
Incluye referencias bibliográficas

ISBN 978-0-9851399-4-0

1. Negocios—Internet I. Hollis, Robert II. Miller, Max J. III. Título
Todas las citas bíblicas, a menos que se indique lo contrario, son traducidas de la *Nueva Versión King James*. Derechos de autor © 1982 Thomas Nelson, Inc. Usado con permiso. Todos los derechos reservados.

Diseño de portada de Alexander von Ness
Diagramación y diseño interior de Martha D. García Márquez/ipublicidades.com
Traducción al español por Maria Krebs

*A todos los soñadores y
hacedores que tienen "oídos para oír"
y que, por su fe y determinación,
se convierten en la "buena tierra"*

Contenido

De Común a Extraordinario

Si me pidieras que describa a Robert Hollis con una palabra, ésta sería *extraordinario.* Si lo conocieras en un restaurante, a la hora del café en la iglesia, o en una carrera de NASCAR, fácilmente podrías imaginarlo trabajando en un cubículo para ganarse la vida, o manejando un camión. Robert *parece* ser ese amigable tipo de al lado que siempre tiene un chiste que contar, ama los coches y los deportes, y lleva a su familia de vacaciones a Disney World. Él *parece* muy agradable—pero *común.* Sin embargo, pasa un poco de tiempo hablando con Robert, y tendrás muy claro que no es sólo cualquier tipo en un restaurante. Sin que te des cuenta, Robert te hará pensar y sentir cosas que no habías pensado antes (o no por mucho tiempo). Te toma desprevenido, porque Robert no parece ser alguien entrenado en psicología. Tampoco suena como un elocuente orador motivacional.

Sin embargo, estoy seguro de que después de una sola conversación con Robert, tendrías una nueva perspectiva que te haría sentir de alguna manera fortalecido y liberado. Lo he vivido de primera mano y he presenciado el impacto de Robert en las vidas de muchos otros. Algo en su estilo sencillo e informal anima a la gente a abrirse a Robert con una vulnerabilidad que permite una conversación notablemente auténtica.

Él tiene una extraña habilidad para meterse dentro de tu cabeza y señalar las cuestiones que sabotean tu éxito. Si bien ha adquirido laboriosamente una sabiduría que trasciende toda una vida, aprendiendo de muchos mentores y del estudio de los grandes textos de éxito, Robert tiene una sorprendente capacidad para destilar ideas complejas y transformarlas en expresiones concisas y relatos vívidos y memorables.

Robert tiene una misión. Está decidido a inspirar a las personas de todas partes a perseguir sus sueños. Como *evangelista empresarial*, aprovecha cualquier oportunidad para alentar a todos los que lo escuchan a hacerse cargo de su futuro económico. "Si un mecánico lesionado y en bancarrota de Dakota del Norte puede construir un imperio empresarial que se extiende a través de nueve países y toca a cientos de miles de vidas", dice Robert, "Tú puedes hacer realidad tus sueños."

Durante años, le han pedido a Robert que escribiera un libro o desarrollara seminarios públicos. "No soy escritor", dice Robert. "Ni siquiera creo ser un gran orador. Sólo soy un hombre común que ha tenido la bendición de aprender algunas lecciones importantes de personas muy exitosas, y he sido doblemente bendecido por poder compartir estas lecciones con otros que las han aplicado para tener una vida mejor". Esta subestimación aumenta el encanto de Robert.

Yo estaba escribiendo un libro acerca de las vías actuales de desarrollo personal y transformación, y le pregunté a Robert si podía tomar prestada parte de su historia para ilustrar algunas ideas del libro. Generosamente, apoyó mi sueño con muchas historias e ideas, e incluso me permitió usar una de sus famosas preguntas que te hacen pensar, como su título: *¿Cómo lo Sabes?* Pronto nos dimos cuenta de que las ideas e historias de Robert se podían ampliar en un libro aparte, que tomó la forma del que estás a punto de disfrutar.

He tenido la suerte de disfrutar de la amistad de Robert durante dos décadas. Además de verlo y escucharlo desde un asiento en la audiencia en numerosas presentaciones, he tenido la oportunidad de compartir muchos días con él en nuestras casas y también viajando juntos. Desde que decidimos crear este libro, tengo docenas de horas transcritas de sus presentaciones en audio y video y largas conversaciones grabadas.

Aunque el narrador a lo largo de este libro es Robert, a veces me costó transmitir su carisma, inteligencia y estilo efervescente. Hasta el punto en que fracasé en el intento, ¡gracias a Dios por YouTube! Puedes tener una idea de su estilo inimitable viendo alguno de sus vídeos en línea. Me siento humildemente honrado de mi papel en transmitir el mensaje alentador de esperanza y posibilidad de Robert.

Tengo una advertencia sobre la lectura de este libro, escuchar hablar a Robert o reunirse con él en persona— él es como un cerrajero para tu mente y corazón. Él se meterá y tomará de ti algo que aprecias: ¡Robert te robará todas tus excusas para no tener la vida de tus sueños! Después de pasar algún tiempo con él, nunca más podrás culpar a tus circunstancias, educación, debilidades personales, familiares, amigos o al gobierno. Nunca más podrás quejarte y decir "Nunca tuve la oportunidad de cumplir mis sueños." Ya estás advertido.

Esperamos ansiosamente saber de ti mientras aplicas la sabiduría y conocimientos de Robert a tu propio viaje. ¡Feliz viaje mientras persigues tus sueños!

Max J. Miller
Washington, DC

INTRODUCCIÓN:

¿Qué Pasó con Tu Sueño de Vida?

"Si lo que sabes no es así,
¿cuándo querrías saberlo?"
—Robert Hollis

Un presentador de noticias informó recientemente que muchos creen que el sueño americano se ha roto. Me pregunto qué piensa la gente que es el sueño americano. Hace poco, un domingo por la tarde, mientras estaba manejando por la autopista Pacific Coast con mi esposa, Teri, la miré y le dije: "Este es mi Sueño Americano; aquí está." Lo estoy viviendo y me encanta cada día y todos los días.

Pero no siempre fue así. Luego te contaré toda mi historia, pero la versión corta de la película es algo como esto: después de un accidente traumático, perdí casi todo. Luego conocí a un mentor que me hizo posible lograr el éxito a niveles que nunca imaginé posibles.

Han pasado veinticinco años desde que conocí al Sr. Bill Gouldd, mi mentor original y tuve mi primera experiencia exitosa en los negocios. Hoy tengo tantas fuentes de ingresos residuales que es un desafío mantenerme al tanto de todas. Tengo la libertad de disfrutar de mi familia y hacer las cosas que me encantan. Tengo amigos en todo el mundo. Teri y yo tenemos una vista espectacular del Océano Pacífico desde la ventana de nuestro dormitorio, y disfrutamos de varias vacaciones exóticas cada año. Lo más importante para mí, es que tuve la suerte de brindar tutoría a muchas otras personas como Bill lo hizo por mí. Ayudar a otros a cumplir sus sueños es realmente el trabajo de mi vida y mi pasión.

DOS CAMINOS A LA CIMA

Hemos oído bastante debate en el ámbito político sobre el tema de los porcentajes, "el uno por ciento" y el "noventa y nueve por ciento". No me involucro en esta guerra de palabras. La forma en que se ha enmarcado este debate no puede conducir a nada productivo. Se basa en una instantánea - de determinado momento en el tiempo; el uno por ciento de la población posee el noventa y nueve por ciento de la riqueza mundial. Pero esta instantánea no cuenta la historia que realmente les importa a los que están dentro del "noventa y nueve por ciento", que desean migrar hacia la tierra de los que están dentro del uno por ciento. Ellos quieren escuchar la historia de cómo hicieron los que estaban en el noventa y nueve por ciento para trepar por la escalera económica.

Esa es *mi* historia. A pesar de que no participo en la disputa política, no me avergüenzo de contar mi historia tipo "Horatio Alger". De hecho, cuando me preguntan cómo pasé de pobre a rico, me encanta confundirlos un poco.

"¿Alguna vez has oído hablar de las empresas de mercadeo piramidal que promueven productos a través de la gente común?"

Ellos asienten.

Entonces pregunto, "¿Has oído que el tipo que está en la cima es el que gana todo el dinero?"

Ellos asienten, a veces con aspecto preocupado. Entonces digo con una gran sonrisa, "¡Yo soy *ese tipo!*"

No hace mucho tiempo, las historias de pobreza a la riqueza como la mía desempeñaron un papel integral en el carácter del sueño americano. Pero a lo largo del siglo pasado, este tema de nuestra visión colectiva ha sufrido un gran golpe. En muchas ocasiones, Hollywood ha presentado a los líderes de negocios como inherentemente corruptos y malvados, en películas como *Ciudadano Kane*, *Wall Street*, *Broadcast News*, *The Firm*, *Codicia*, *Silkwood*, y *Erin Brockovich*. Estas son películas muy buenas e historias importantes, pero ¿cuándo fue la última vez que viste una película que retratara positivamente a un emprendedor o líder empresario?

Los informes de noticias de negocios tienden a seguir el mismo patrón, concentrándose en escándalos y casos de corrupción descarada. Desde los "barones ladrones" de la era industrial, a Bernie Madoff, a los dirigentes de Enron, Exxon (derrame de petróleo Valdez) y BP (derrame de petróleo del Golfo), y las empresas de servicios financieros de esta década que casi nos llevaron a una nueva Gran Depresión, muchas personas ricas y poderosas se han ganado la desconfianza de los que están dentro del noventa y nueve por ciento.

Sin embargo, mientras el público en general mantiene una visión de desconfianza de las corporaciones, aun sentimos gran admiración por ese raro individuo, como Steve Jobs, Warren Buffet, Bill Gates o Richard Branson- que construye un imperio desde cero en virtud de su creatividad, visión y tenacidad. Las historias de estos emprendedores extraordinarios nos inspiran y encienden nuestra imaginación.

Mientras que la mayoría de nosotros puede fantasear acerca de terminar dirigiendo un enorme imperio comercial, relativamente pocos nos aventuramos por el camino empresarial. A menudo, cuando sugiero que los individuos consideren dedicarse a su propio negocio, citan estadísticas dramáticas de cómo muchos empresarios fallan (por lo general, entre 85 y 96 por ciento). Por alguna razón, la misma lógica no impide a las masas comprar billetes de lotería (que es casi seguro que no producirán una ganancia). Sin embargo, el precio de un billete de lotería parece ser el máximo que la mayoría de las personas están dispuestas a arriesgar por el sueño de convertirse en un integrante del uno por ciento.

UNA ELECCIÓN CLARA

Permíteme hacerte una pregunta: ¿Cuál es tu sueño de vida? ¿Cuál es tu idea del éxito? Cuando yo crecía en Dakota del Norte, me dijeron que el camino hacia el éxito empezaría por obtener la mejor educación que pudiese. Después, si conseguía un buen trabajo y mantenía limpia mi nariz (me dijeron), podría subir la escalera corporativa y alcanzar todos los deseos de mi corazón.

¿Tu Sueño de Vida es alguna variación de ese programa? ¿Cuánto tiempo has estado siguiendo ese camino? *¿Cómo te está yendo con eso?* Si *estás* satisfecho y ese camino te está funcionando, me siento realmente feliz por ti. Sigue con el buen trabajo y que Dios te siga bendiciendo.

Por otro lado, ¡si ya no estás convencido de que este camino te va a dar los resultados que creías, por favor, detente y piensa en otro! Un sabio dijo una vez: "Locura es hacer la misma cosa una y otra vez y esperar un resultado diferente".

A pesar de que nuestra economía debe gran parte del éxito, resistencia y capacidad de recuperación al espíritu de la iniciativa empresarial, las masas se han tragado a un *impostor* del sueño americano que (en mi opinión) tiene más en común con la lotería. Este sustituto del sueño americano propone un camino alternativo a la cima de la pila proverbial. En vez del camino lleno de riesgos del empresario que crea una empresa -y a veces una industria- a partir de cero, el camino "más seguro, más sano", según esta imitación del sueño americano, implica subir a la cima de una escalera corporativa existente. Si eliges la industria correcta y la compañía adecuada, es posible que, con trabajo duro, lealtad, y un poco de suerte, llegues a la cima de la pirámide corporativa. También podrías ganar la lotería, pero las probabilidades no están a tu favor.

A medida que leas este libro, te enfrentarás a una elección clara entre dos caminos diferentes. Un camino promete seguridad, estabilidad y la oportunidad de un estilo de vida tipo country club para los pocos que suben la escalera cada vez más estrecha del éxito empresarial.

Dado que estás leyendo este libro, estoy dispuesto a apostar que si buscas en tu corazón, ser un engranaje en la máquina de sueños de otro nunca podrá cumplir tu Sueño de Vida. Si te pareces más a mí, ese camino ofrece una ilusión de seguridad y estabilidad en la forma de unas esposas de oro. Creo que el corazón del sueño americano tiene que ver con la libertad. Se trata de "la vida, la libertad y la búsqueda de la felicidad" que nuestra Declaración de Independencia llama "derechos inalienables", y afirma que nos han sido "dados por (nuestro) Creador".

Así que elegimos un camino diferente— uno que promete aventuras llenas de riesgos y desafíos, en vez de seguridad y estabilidad. Nos ofrece la posibilidad de forjar nuestro propio destino. Y hoy, el camino empresarial ofrece mejores posibilidades de mejorar tu estilo de vida de lo que se puede esperar del competitivo ambiente corporativo. Millones de empresarios tienen ingresos superiores al promedio, mientras que millones de trabajadores corporativos se están retirando todos los meses con ingresos cercanos a, o por debajo del nivel de pobreza. Los que hemos saboreado la alegría del espíritu empresarial pensamos que el término "job" (trabajo) significa "poco menos que en bancarrota". Alcances o no tus objetivos, este camino ofrece la experiencia de realmente estar vivo que nunca pude encontrar en ese otro camino.

¿CÓMO LO HICISTE?

Soy un "evangelista empresarial". Busco cualquier oportunidad para animar a la gente a que se atreva a construir su propio imperio en lugar de tratar de abrirse paso hasta la cima del de otra persona. Pero también soy un "educador empresarial", y esa responsabilidad implica pintar una imagen honesta de los retos y riesgos. Si escuchas las historias de empresarios que fracasaron en su intento de construir una empresa (un porcentaje enorme de los empresarios de éxito han fracasado en al menos una empresa anterior), escucharás dos temas recurrentes:

1) la insuficiencia de capital o de flujo de efectivo y 2) la falta de conocimientos y experiencia en la gestión de un negocio.

Es extraño que, a pesar de las bien publicitadas estadísticas de quiebras de empresas, las personas todavía piensan que pueden tener éxito sin ninguna experiencia empresarial o conocimiento profesional. Tal vez piensan que, porque han trabajado *en* una empresa, entienden los factores críticos que requiere una empresa exitosa. También puede tener algo que ver con el temperamento independiente de los que se sienten atraídos por el espíritu empresarial.

Miras a tu alrededor en cualquier otra profesión y te encuentras con personas que se entrenan antes de comenzar el ejercicio de sus funciones. Como mecánico, ni siquiera podía probar las emisiones de un coche sin entrenamiento y certificación. Pero los aspirantes a empresarios frecuentemente se lanzan sin entender cómo funcionan las empresas y al poco tiempo se sienten abrumados.

A menudo saben muy poco sobre comercialización, así que tratan de venderles sus productos o servicios a los amigos, colegas y familiares (con resultados embarazosos). Si las cosas van bien, con frecuencia tratan de expandirse, contratando a amigos y familiares que agregan tensiones innecesarias a la operación. Luego, cuando se les acaba el dinero y los clientes, se dan por vencidos y culpan a la economía, la industria elegida, o a alguna circunstancia externa. Así que la opinión del público en general sobre la iniciativa empresarial proviene de los ciegos guiando a los ciegos en la oscuridad. No tienen ni idea.

Cuando me preguntan por mi secreto para construir una empresa exitosa, puedo ofrecer varias respuestas. En primer lugar, me concentré en el único objetivo que realmente importa en la creación de un negocio floreciente: *construir una gran base de clientes satisfechos.* Ese es el anillo de bronce. Y eso es exactamente lo que logré en los siete exitosos negocios que he creado. En cada uno de los casos, lo logré desarrollando relaciones reales con clientes potenciales y concentrándome en brindarles valor. Clientes felices significan negocios repetidos. Sin ninguna duda, mi método funciona: gano un ingreso residual de siete cifras, de una base de más de un millón de clientes satisfechos en nueve países.

A menudo, cuando hablo acerca de cómo iniciar un negocio en línea, la gente dice que no tiene un producto o servicio para vender. Generalmente se sorprenden cuando les digo que los que más ganan en línea son individuos y compañías que promueven productos y servicios de otros.

Estos grandes ganadores ayudan a las empresas a conectarse con la gente que encuentra valioso su producto o servicio. Esas empresas están más que dispuestas a pagar para adquirir nuevos clientes. La cantidad de dinero que se paga todos los días para adquirir nuevos clientes te dejaría atónito. Sin embargo, me sorprende cómo muchas personas se han convertido en expertos en la promoción de productos de otras compañías, sin ganar jamás un centavo.

Hoy, la gente promueve sus películas favoritas, zapatos, jeans, música, videos, artículos, fotos y todo tipo de marcas y firmas de moda. Lo hacen a través de "me gusta", "pins", y otros enlaces en sus sitios de medios sociales. Mientras los fabricantes de esos productos y los medios de comunicación social (Facebook, Twitter, etc.) se benefician enormemente de la actividad promocional de millones de personas, la gran mayoría de los que realizan la promoción no tienen idea de cómo sacar provecho de sus esfuerzos.

Si el anillo de bronce en los negocios es la construcción de una gran base de clientes satisfechos, entonces muchos de nosotros hemos estado ofreciendo un servicio muy valioso con nuestros esfuerzos de promoción. ¿Por qué no aprender a que nos paguen por eso?

Mi segundo secreto consiste en encontrar un mentor y *comprometer el tiempo y esfuerzo necesarios para dominar los fundamentos* del mercadeo y desarrollo de negocios. Me dediqué durante varios años a aprender de un mentor exitoso. Esta experiencia sentó las bases para que construyera varios negocios extremadamente exitosos. Además de encontrar un mentor que haya construido un negocio exitoso, te recomiendo que encuentres uno que haya documentado su eficacia asesorando a otros para alcanzar el éxito. Hasta la fecha he documentado 44 millonarios que me reconocen como su mentor de negocios. La mayoría acudió a mí con la misma pregunta: ¿Cómo lo hiciste? (¿Cómo construiste una base de clientes tan enorme?)

NUEVAS FORMAS DE PENSAR Y DE SER

El tercer secreto del éxito consiste en ser humilde y abrir tu mente a nuevas formas de pensar y de operar. Para la mayoría de los aspirantes a empresarios, esto representa el mayor desafío. La mayoría de las personas mayores de doce años creen que comprenden el mundo. Creen que la forma en que ven el mundo es cómo es el mundo realmente. Sin embargo, precisamente esta forma de pensar es la que mantiene estancada a la mayoría de las personas en donde están.

Para empeorar las cosas, casi todos están convencidos de que ya son de mente abierta. Esto sólo añade otro cerrojo a sus mentes ya cerradas. Cuando las cosas no funcionan como estaba previsto (y un negocio nunca crece exactamente como estaba previsto), la gente tiende a culpar a sus circunstancias en vez de ver la situación como una oportunidad de aprendizaje. Si he aprendido algo de la vida, es esto:

Cambia tus formas de pensar y actuar y ser en el mundo y tu vida, y las circunstancias, inevitablemente, también cambiarán. Pero *nunca* cambiarás realmente tu vida concentrándote en tus *circunstancias*.

Ser un verdadero emprendedor tiene tanto que ver con el desarrollo de *uno mismo* como con el desarrollo de un negocio.

Quizá no hace falta decirlo, pero desde luego no es necesario ser americano para perseguir este sueño de libertad. Personas de todo el mundo nos han avergonzado con su valiente espíritu empresarial y su intensa dedicación a vivir vidas libres, autodeterminadas. Lo que llamo Sueño Americano representa un anhelo humano universal a labrarse su propio destino y hacer una contribución única al bienestar y la felicidad de los demás.

Te invito a abrir tu mente y probar algunas nuevas formas de ver las cosas. Puede que te sorprendas de lo que descubres acerca de ti mismo, de tus creencias, y cómo has llegado a la vida que tienes ahora. ¡Espero que descubras —como lo hice yo— que *este* Sueño Americano —la *libertad* y el *poder* de perseguir tus sueños— aún sigue vivo!

Preguntas para la Reflexión, Diálogo y Acción:

1. ¿Cuál es tu idea del sueño americano o tu visión del éxito?
2. ¿Cómo te va con eso hasta ahora?
3. ¿Qué bloquea, detiene o retrasa tu sueño?
4. ¿Qué podría hacer falta que podría marcar una diferencia en el cumplimiento de tus metas y sueños?
5. ¿Cuál sería la única acción que te podría acercar al cumplimiento de tu sueño?

PRIMERA PARTE:

REDESCUBRE TU SUEÑO

CAPÍTULO UNO:

De Mecánico de Autos a Mecánico de Vida

"La mente es como un paracaídas
— sólo funciona cuando está abierta"
—Charlie Chan, de Charlie Chan en el Circo

Cuando la gente se entera de que soy "ese tipo" (el que está en la cima de la enorme organización de marketing que ha adquirido más de un millón de clientes), a menudo me dice, "No eres para nada lo que esperaba." Se imaginan un mañoso súper vendedor (el estereotipo que pregona autos usados, muebles o electrodomésticos) que trata de engatusar a alguien para que compre algo que no necesita ni quiere.

Definitivamente, no soy así. Esta es una de las mayores claves de mi éxito: Yo opero mucho más como *educador* que como cualquiera que puedas percibir como *vendedor*. Y uno de los primeros principios que la gente aprende de mí si quiere replicar mi éxito, es este:

Habla sólo con personas que ya están *interesadas* en lo que ofreces. O, expresado en negativo: Nunca le hables a las personas sobre cosas en las que no están realmente interesadas.

La percepción de las masas es que, apenas empiezas a hablar de cualquier cosa que no les interesa, te etiquetan como "vendedor".

Generalmente, la gente tiene una fuerte reacción tan negativa a la palabra "ventas" que ante el menor indicio de esto, huye.

A la gente le encanta comprar, pero a casi nadie le gusta que le vendan. Sin embargo, una queja común de los nuevos empresarios se produce cuando parece que no pueden encontrar a nadie que esté interesado en su nuevo producto o servicio asombroso . Esto sucede porque están hablando en vez de escuchar.

"Pero estoy entusiasmado," me dicen.

Y les aconsejo, "¡Demuéstralo— pero no lo digas!" Lamentablemente, la mayoría no escucha.

DAR POR ADELANTADO

Como verás, muchos de los principios que enseño en este libro pueden parecer extraños al principio. Pero espero que pruebes estas ideas antes de rechazarlas.

La diferencia principal entre lo que hago y lo que la mayoría de la gente piensa de las ventas y el marketing se expresa en mi lema, "dar por adelantado" Atraigo clientes como un imán encontrando maneras de servir y crear valor para las personas. Para mí, brindar servicio es mucho más que un ideal a alcanzar. Realmente es el motivo principal de mi éxito. Zig Ziglar lo expresó así: "Puedes conseguir lo que quieras en la vida simplemente buscando maneras de ayudar a otras personas a obtener lo que quieren y necesitan".

Hace muchos años, comencé a ofrecer mi capacitación y orientación a cualquier persona que quisiera aprender lo que hacía— a personas que no estaban en mi organización de marketing, e incluso a los que podrían considerarse competidores. En ese momento, no tenía ni idea de que estaba promoviendo una tendencia que se conocería como *marketing de contenidos*.

Hoy en día, los expertos, consultores y tutores en todos los campos han descubierto que al ofrecer valor y contenido a sus clientes potenciales, pueden establecer una buena comunicación y buena voluntad. De esta manera, los clientes o socios potenciales empiezan a conocerte, apreciarte y confiar en ti como experto, y esto crea oportunidades para futuras relaciones comerciales.

A menudo, las personas se muestran escépticas sobre este enfoque de servicio: "¿Cómo los difundes si no estás siempre hablando sobre tus productos y servicios?"

Les enseño a escuchar más y a hablar menos — a hacer preguntas y a escuchar atentamente las respuestas. Esta no es una técnica de ventas— no es sólo un resumen antes del argumento final. Les enseño a escuchar como una técnica de *clasificación*.

La habilidad principal en mi profesión no es persuadir o cerrar, sino una *clasificación* eficaz. Recuerda, la clave es hablar *solamente* con los que están interesados. Por ejemplo, un hombre ha empezado a trabajar con un nuevo negocio, y alguien cercano a él le pregunta qué tipo de servicio ofrece. Él puede pensar que la persona está *interesada*. Pero es más probable que la persona sienta *curiosidad*. La mayoría de las personas *son* curiosas. Pero en un momento dado, la mayoría de la gente *no* está interesada. Los que no están interesados *ahora* podrían interesarse *en el futuro*, cuando sus circunstancias sean diferentes.

La forma en que respondas hoy a su pregunta amistosa, curiosa, determina si tendrán en cuenta lo que ofreces en cualquier momento en el futuro. Si hablas sobre tu producto o programa hoy, cuando no están interesados, en la mayoría de los casos le cierras la puerta a esa persona para siempre. Tu eficacia para distinguir a los verdaderamente interesados de los curiosos estará entre los pocos factores que determinen tu éxito.

A pesar de esta dura realidad, he logrado construir bases masivas de clientes para varias compañías. Y les he enseñado a muchos otros a hacer lo mismo. Afortunadamente, unos veinticinco años atrás, cuando alguien se acercó a mí con una oportunidad de negocio, yo estaba realmente interesado. El tipo que se me acercó violó todos los principios que enseño, pero no importó porque yo estaba buscando activamente una manera de ganar dinero— y no se le puede decir algo equivocado al prospecto adecuado. Pero me estoy adelantando mucho.

DONDE EMPEZÓ TODO

A mediados de la década de 1980, después de un comienzo difícil, mi vida por fin avanzaba en la dirección de mis sueños. Siempre me encantaron los autos, y había conseguido un muy buen trabajo como mecánico en un concesionario Toyota en El Monte, California. Los que me deseaban lo mejor me habían dicho que el camino hacia el éxito significaba obtener una buena educación, encontrar un buen trabajo, y trabajar mucho. Fui a una escuela técnica para obtener mi grado de asociado y mi certificación ASE. Ahora tenía el buen empleo y estaba trabajando más que nunca.

Estaba viviendo en el sur de California, así que todo costaba más que en Williston, Dakota del Norte, donde crecí. Así que trabajaba horas extras, llegaba temprano, me tomaba menos tiempo para almorzar y me quedaba más tiempo que otros mecánicos. Mi trabajo duro y dedicación sí llamaron la atención, y me invitaron a participar en la organización de carreras de Roger Penske, donde pude inscribirme y desarrollar mis habilidades particulares de fanático de los "fierros".

En cuanto a mi carrera de mecánico, no podía creer que la vida pudiera ser mejor. Pero pronto empecé a preguntarme cómo tanto esfuerzo y trabajo me iba a llevar a un mejor estilo de vida. Siempre estaba usando tiempo que me alejaba de mi esposa e hijo y de las cosas que me encantaba hacer. Pero estaba trabajando con autos y las cuentas se estaban pagando, así que seguía trabajando y creyendo que estaba en el camino al éxito.

Un día en el taller, una camioneta se resbaló de un elevador y entré en pánico, y traté de impedir que se cayera. No la detuve. *Toma nota: mi éxito no tiene nada que ver con la inteligencia.* La camioneta aterrizó sobre mi pierna, estiró muchísimo mi rodilla y rompió todos mis ligamentos. Lo único que recuerdo es que fui al hospital en una ambulancia y cuando el médico me miró y vio que había un torniquete en mi pierna, dijo. "Oh, Dios mío, estás en problemas." ¿Quién quiere escuchar eso de un médico? Yo estaba en shock y sentí algo de pánico, pero hicieron la cirugía y sobreviví. El doctor dijo que no podría trabajar por bastante tiempo y que tal vez no podría recuperar el pleno uso de mi pierna.

A veces, si tienes suerte, cuando estás en una mala situación (financiera, de salud, de relaciones, etc.) abres tu mente. Hace jirones el ego. Tuve que usar el seguro de trabajo. Mi ingreso de casi $5,000 por mes bajó a $900 mensuales. Me las arreglé durante treinta días e incluso sesenta. Luego, a los noventa días, empezaron a llamar los cobradores.

Es curioso cómo a los bancos no les importa tu buen comportamiento anterior, sólo les importa el del mes pasado. Espero que nunca te suceda, pero muchos de los que están leyendo este libro saben de qué estoy hablando.

Así que los cobradores preguntaban, "¿Cuándo espera darnos algo de dinero?" Y yo contestaba, "Apenas lo tenga."

Llegué al punto en que, cuando me llamaban, les decía, "¿Podrá llamarme de nuevo mañana a las 7:30 de la mañana?"

Me preguntaban por qué y yo les decía, "Me cortaron la electricidad, así que si me llama a esa hora me despertará para que pueda ir a una entrevista de trabajo."

Esto continuó durante seis meses. Luego me hicieron una resonancia magnética y descubrieron que no habían reparado totalmente mi pierna, y me tuvieron que hacer otra operación.

Para ese entonces, había empezado a perder todo. ¡Incluso llegué a empeñar mi caja de herramientas!

A menudo escuchamos decir que "el dinero no compra la felicidad". Es verdad, pero frecuentemente, la *falta* de dinero es la raíz de todo tipo de miseria. Le pido a Dios que nunca esperes para tomar una decisión hasta que las cosas estén tan mal, porque este fue mi punto de quiebre: estaba manejando camino a casa después de recoger a mi hijo. Algunas cuadras antes de nuestra casa, me detuve. Mi hijo de seis años me miró y me dijo, "Papá, si sigues un par de cuadras más y giras a la izquierda, nuestro departamento está ahí." No supe cómo decirle a mi hijo que estaba escondiendo el auto del embargador.

UN DÍA QUE CAMBIA TU VIDA

Le pido a Dios que algo suceda *antes* de que llegues a una situación tan desesperada. En ese momento, sentado en el auto junto a mi hijo, llegué al límite y dije, "Basta... No me voy a conformar con esto. Voy a encontrar alguna manera de mantener a mi familia."

Dejé de hacer las cosas que hacen muchos: Estaba culpando al mundo. Era una víctima diciendo "¿Por qué tiene que pasarme esto? ¡Mi vida está muy mal!"

El día en que finalmente dije "¡Basta!", Sean, el novio de mi prima, me llamó. "Robert, tienes que ver esto," me dijo. "Estoy realmente entusiasmado con una nueva forma de ganar dinero."

Le dije, "Cuéntame de qué se trata."

Entonces me dijo, "Conocí a este tipo que está ganando $60,000 mensuales. Ven conmigo así lo conoces."

Le dije, "Iré por ti."

Ese día sucedió algo extraordinario. Apenas declaré que encontraría una manera de mejorar mi vida, algo cambió y la oportunidad tocó a mi puerta. ¿Entiendes lo que quiero decir? Cuando es el momento preciso en tu vida, todo empieza a encajar.

A las siete en punto recogí a Sean. Para mi sorpresa, vestía un saco sport y corbata. Este es un tipo al que solo lo vi usar corbata en las bodas y los funerales. Yo llevaba una chaqueta de motociclista, y tenía un corte en una pierna de mi pantalón para que pudiera entrar el yeso de la pierna.

Sean dijo que nos encontraríamos con este hombre en un hotel, y me empecé a sentir incómodo. Pensé que íbamos a tomar un café con este tipo rico, y en cambio me encontré sentado en una presentación en un hotel, con alrededor de otras cincuenta personas— muchas de ellas con su atuendo dominical.

Encontré asientos en la parte trasera de la sala, así podría usar una silla extra para apoyar mi pierna. Me pasaron toda clase de preguntas por la mente: *Si este tipo tiene todas estas ideas y secretos para ganar dinero, ¿por qué se las está contando a otras personas?* Si bien mis circunstancias me habían abierto un poco la mente, aun me sentía escéptico, incluso desconfiado. Estaba tan intrigado por la idea de un hombre que ganaba $60.000 por mes que me quedé, pero permanecí con los brazos cruzados, esperando escuchar el "truco".

La mayor parte de lo que decía el Sr. Gouldd contradecía todo lo que me habían enseñado acerca de ser exitoso. Siempre me habían dicho que mi capacidad de subir la escalera corporativa dependía cien por ciento de mis propios esfuerzos.

El Sr. Gouldd dibujó un diagrama simple para ilustrar cómo la empresa típica se asemeja a una pirámide, con un presidente por encima de un puñado de vicepresidentes y directores. Éstos, a su vez, están por encima de una capa de gerentes, sobre otra capa de supervisores. Abajo de todo está el grupo más grande: las abejas obreras.

Después de haber perdido mi capacidad para trabajar como mecánico, me di cuenta que mi única esperanza de supervivencia en la estructura corporativa era subir esa estrecha escalera. Entonces el señor Gouldd dijo un par de cosas que realmente llegaron a mi cabeza. Señaló que todos los puestos en la pirámide corporativa están ocupados. ¡Para que yo subiera, alguien tendría que renunciar, ser despedido o morirse! Es evidente que *otros* factores aparte de mis esfuerzos personales jugaron un papel importante en mi oportunidad de subir esta escalera.

El Sr. Gouldd hizo una observación interesante de que la manera en que imaginamos nuestro camino hacia el éxito en la escalera corporativa puede conducir a ingresos ilimitados y oportunidades. Él dijo que esta idea era una fantasía, como encontrar oro al final del arco iris.

El Sr. Gouldd explicó que los empleados de todos los niveles de una empresa cambian su tiempo por un sueldo. Pueden aumentar sus habilidades y valor para la empresa y ganar un salario más alto por hora, pero la cantidad que pueden ganar *siempre estará limitada* por la cantidad de tiempo que puedan trabajar en una semana. Incluso los profesionales, como los médicos y abogados, tienen la limitación de la cantidad de horas que pueden facturarles a los clientes.

El Sr. Gouldd señaló que - a diferencia de los empleados - las ganancias del dueño de la empresa no están limitadas por la cantidad de horas que pueda trabajar. Levantó un pequeño libro del primer multimillonario del mundo, J. Paul Getty, y dijo que el secreto para hacer una fortuna, según Getty, era emplear a otras personas. El Sr. Gould citó a Getty: "Prefiero ganar un uno por ciento de los esfuerzos de 100 personas que el 100 por ciento de mi propio esfuerzo". El Sr. Gouldd añadió su propia perspectiva: "Tu propio trabajo es la prueba de que, en algún momento, alguien se arriesgó a empezar un negocio. Esa persona creó tu trabajo para poder contratarte al por mayor y venderte al por menor para obtener un beneficio."

Cuando escuché eso me enojé, pero supe que tenía razón. Mi centro de servicio facturaba el trabajo a sus clientes a una tarifa de $35 por hora y me pagaba $12.50.

Luego, el Sr. Gouldd dijo el argumento final. Preguntó: "Cuando por fin has subido la escalera hasta llegar a la cima, ¿crees que la persona que posee esa empresa - la persona que tomó los riesgos y creó tu puesto de trabajo, te dirá, 'Felicitaciones por subir la escalera. Ahora haré que *tú* seas el dueño, así puedes beneficiarte de los esfuerzos de todas estas personas cuyos puestos yo he creado'? Eso no tendría sentido, ¿verdad?" Incluso el mejor trabajo de todos —mientras estés trabajando para otro— nunca puede ofrecerte una oportunidad *ilimitada*.

Después, el Sr. Gouldd hizo una pregunta que me cambió la vida: "En vez de empezar en la parte inferior de la escalera y subir arañando hasta la cima", preguntó, "¿Por qué no empezar en la cima y construir una enorme fuerza de trabajo propia?" Esa idea fue a la vez inspiradora e indignante. La cabeza me daba vueltas, pero el señor Gouldd no cedía.

A continuación, afirmó que las opciones para ganar dinero en los negocios son bastante limitadas: inventar o fabricar un nuevo producto o servicio (que requiere una considerable inversión de capital) o encontrar una manera más eficiente de proveer bienes y servicios.

Dibujó otro diagrama que constaba de seis cuadros unidos por una línea, como vagones de un tren. El primer cuadro, dijo, representa al fabricante y el último cuadro representa a los consumidores. Los cuatro cuadros intermedios representan a todos los intermediarios del sistema de distribución tradicional.

"Si no tienes una idea para una nueva ratonera o no tienes el capital para entrar al sector de producción", dijo el Sr. Gouldd , "será mejor que encuentres una manera más eficiente y rentable para que los productos lleguen a manos de los clientes. Fíjate en las fortunas que hicieron en los últimos años las tiendas como Walmart y Price Club (ahora Costco). ¿Qué hicieron? Eliminaron al intermediario. Eso es lo que hacemos nosotros también. Buscamos productos que la gente quiere y necesita — productos que solucionan problemas y marcan una diferencia en las vidas de las personas. Luego llevamos los productos directamente del fabricante hasta el cliente, eliminando intermediarios y nos embolsamos las ganancias de los intermediarios. Invitamos a otras personas a ayudarnos con esto, y las recompensamos de acuerdo con sus resultados."

Muchas de sus ideas tenían sentido, pero también me hicieron enojar. *¿Por qué no aprendí esto en la escuela, o de mis padres?* Me pregunté, "*¿De dónde se supone que obtengamos este conocimiento?*" Casi como si hubiera escuchado mis pensamientos, el Sr. Gouldd le preguntó al grupo, "¿Cuántos de ustedes nacieron con un manual de instrucciones?" Evidentemente, yo no. Mi papá tenía un trabajo, así que cuando tuve la edad suficiente, también conseguí uno. Lo que nadie me dijo fue que uno no tiene un trabajo—el trabajo lo tiene a uno. Puedes ser dueño de un negocio, pero cuando lo único que has conocido es un trabajo, tienes una comprensión muy limitada sobre cómo funcionan los negocios en realidad."

Llegó a sugerir que la mayoría de los empresarios no tiene ningún interés en que los empleados aprendan a ser dueños de negocios. Los dueños quieren que los empleados estén contentos siendo empleados. El Sr. Gouldd levantó otro par de libros y dijo algo sorprendente: "Los secretos mejor guardados de las personas más ricas no son ningún secreto. ¡Los puedes tener por pocos dólares leyendo sus libros! Este libro me enseñó que el secreto de la riqueza está en el poder del interés compuesto — cómo las pequeñas inversiones, con el tiempo, se convierten en grandes activos. Este libro me urge a encontrar una forma de generar *ingresos residuales* que me paguen una y otra vez (como una regalía) por el trabajo que hago una vez. ¡Esto es genial! Estos son verdaderos manuales de instrucciones. Si quieres ser dueño en vez de trabajador toda tu vida, tienes que aprender de los dueños."

Esa noche algo surgió en mí y me decidí a aprender a ser dueño de un negocio. Me convertí en un estudiante dedicado de los negocios. Empecé a leer libros de negocios y aprender todo lo que pude sobre el éxito. (Encontrarás algunos de los mayores tesoros de mi investigación en el apéndice, en la parte posterior de este libro).

La presentación del Sr. Gouldd fue divertida e interesante. Aunque estaba sentado en la última fila, cuando terminó la presentación me dirigí en línea recta hacia el frente de la sala. Probablemente no parecía la persona con más posibilidades de tener éxito; sin embargo, para mi sorpresa, el señor Gouldd respondió pacientemente todas mis preguntas.

A pesar de que me abrió los ojos a nuevos caminos hacia el éxito, todavía me costaba creer que podía ganar dinero con los esfuerzos de otras personas, usando su modelo de negocio. El Sr. Gouldd se dio cuenta de que tenía mis dudas, así que buscó en su bolsillo y sacó su cheque de pago del mes anterior. ¡Todavía estaba pegado al talón del recibo! Eso realmente me abrió los ojos. ¡Este tipo estaba ganando tanto dinero que se podía dar el lujo de pasarse un mes sin depositar su cheque!

Es curioso cómo nuestros egos pueden confundirnos. Yo estaba pensando, *Sólo soy un mecánico de autos y este tipo debe ser más educado y más talentoso que yo.* Entonces le pregunté qué hacía antes de empezar este negocio. Cuando me contestó "instalaba auto estéreos", eso fue todo. Yo era un mecánico de coches certificado. Tenía un diploma de asociado. Entonces se produjo la magia: Me dije, *Si este hombre puede hacerlo, yo puedo.* Le pregunté al señor Gouldd con toda seriedad: "¿Podría ganar 10.000 dólares en mi primer mes?"

"No es probable", dijo, "pero es posible si eres entrenable y haces exactamente lo que yo te diga."

Me enganché totalmente. Dejaré los detalles para un capítulo posterior, pero déjame decirte que alcancé esa primera meta poco probable.

Se ha dicho que hay dos grandes motivaciones en la vida: la *inspiració*n y la *desesperación*. Afortunadamente, mi desesperación superó a mi ego y fui humilde e hice exactamente lo que el señor Gouldd me dijo que hiciera y funcionó. He tenido la suerte de lograr varias metas increíbles en los últimos veinticinco años, y aunque desde entonces nuestros caminos se separaron, siempre voy a reconocer a mi primer mentor por haber hecho que todo esto fuera posible. ¡Gracias, Sr. Gouldd!

He podido traer conmigo a unos cuantos amigos y familiares en este viaje increíble (no todos eligieron el mismo camino). También he ganado muchos nuevos amigos maravillosos a lo largo del camino. Pero ahora, cuando salgo a comer con amigos, ya no llevamos nuestras calculadoras para saber quién debe qué. Ahora tengo que pelear bastante para pagar una comida. Así que cuando la gente me pregunta si mi negocio se trata de ganar más y más dinero, le digo , "No, se trata de rodearme de amigos y familiares exitosos financieramente para que puedan pagar todo."

Preguntas para Reflexión, Diálogo y Acción:

1. ¿Te describirías como curioso o interesado cuando se trata de buscar nuevas fuentes de ingresos?
2. ¿Cuándo una mala situación te dejó con la mente abierta?
3. ¿Has tenido lo que Jim Rohn llamó "un día que cambia tu vida?" ¿Qué pasó y qué cambió?
4. ¿Alguna vez sospechaste que de alguna manera te habías desconectado de tus sueños y deseos más profundos? ¿Qué haría falta para revivirlos?
5. ¿Qué necesitas para llegar al límite y tomar un nuevo camino? ¿Lo harías ahora?

CAPÍTULO DOS:

Fórmula para Manejar Rápido y Lejos

"El éxito deja pistas."
—Jim Rohn

Soy uno de esos individuos que supieron temprano en la vida que si aprendes de las personas exitosas y haces lo que hicieron, obtendrás lo que obtuvieron. Aun cuando era mecánico, me di cuenta de que otros mecánicos ganaban más que yo porque podían hacer el trabajo mejor y más rápido. Sabía que podía *aprender de ellos* y mejorar mis habilidades y salarios. Sin embargo, como adultos podemos ser tan competitivos y orgullosos, que hace falta algo para volvernos humildes y aprender de otro. Para mí, ese algo fue el enorme fracaso financiero y de mi carrera, a consecuencia de mi accidente.

Lo notable es que una vez que te humillas y buscas ayuda, hay tantas personas —gente exitosa— dispuestas a ayudarte y guiarte. Mientras me recuperaba de la operación después de mi accidente, uno de los empleados de Roger Penske, Jerry Miller, llamó para saber cómo estaba. Poco después de esa conversación, fue a visitarme y me llevó un libro. Dijo que era un regalo de Roger Penske y que el Sr. Penske quería que supiera que podía cambiar mi vida.

Era el mismo libro que el Sr. Gouldd había mostrado en su presentación, afirmando que contenía los secretos mejor guardados de los ricos. El libro era *Piense y Hágase Rico*, de Napoléon Hill. Aparte de mi accidente y posteriores problemas financieros, este libro hizo más que cualquier otra cosa para prepararme para estar abierto a las oportunidades.

Es un libro sencillo y, sin embargo, desde el primer capítulo de *Piense y hágase Rico* encontré las ideas e inspiración para alcanzar mi primera meta en los negocios (ganar $10.000 en un mes). Por favor, comprende que las ideas que comparto aquí son sólo la punta del iceberg de la sabiduría contenida en la obra maestra de Napoleón Hill. Si la lectura de mi libro pudiera inspirarte para estudiar y aplicar los principios de *Piense y Hágase Rico*, lo consideraría un éxito tremendo.

DE LA CRISIS A LA GANANCIA

La primera cosa que aprendí de *Piense y Hágase Rico* fue que la adversidad, incluso el fracaso, podría abrir las puertas a un mayor éxito. Cuando comencé mi carrera como mecánico de automóviles, tenía algunas imágenes en mi imaginación de cómo sería alcanzar mis metas. Me imaginaba que los líderes de la empresa reconocerían mi trabajo, y yo empezaría a recibir promociones y aumentos. Después de mi accidente, esas imágenes parecían inalcanzables. Como muchos, creía que mi educación, talentos, crianza y conexiones definían y limitaban mis opciones de carrera. Nunca imaginé la posibilidad de ser un exitoso emprendedor. No coincidía con las imágenes en mi mente sobre cómo se desarrollaría mi carrera.

Cuando empecé a leer Piense y Hágase Rico, comencé a darme cuenta de que esas imágenes sólo eran *un medio para un fin*. Eran un camino posible para lograr mis verdaderos sueños reales, que incluían darle a mi familia un estilo de vida y disfrutar de algunos pasatiempos caros, como las carreras de coches con mis hijos.

Napoleón Hill realmente me llamó la atención cuando señaló que muchas personas exitosas empezaron después de enfrentar alguna crisis:

> El punto de inflexión en la vida de aquellos que tienen éxito por lo general llega en el momento de alguna crisis, a través de la cual conocen a sus otros yos (p. 36). *Nota: Los números de página entre paréntesis corresponden a la edición del libro electrónico de Piense y Hágase Rico, disponible en nuestro sitio web, que figuran en el apéndice de recursos.)*

No tenía ni idea de qué quería decir con "sus otros yos", pero empecé a ver que otros caminos podían llevarme a mis sueños. Los caminos como ser dueño de mi propio negocio me permitiría alcanzar mis sueños más rápido y con mayor satisfacción. Con el tiempo me encontraría con mi "otro yo" y me daría cuenta de que los grandes beneficios de este viaje se encuentran no en la riqueza que adquirí, sino en la persona que descubrí que era durante el proceso.

La idea de *Piense y Hágase Rico* vino del industrial convertido en filántropo Andrew Carnegie. Aunque la mayoría de la gente parece creer que el éxito depende de la suerte y las circunstancias, Carnegie creía que había un patrón en las cualidades y los comportamientos de los que tienen éxito en los negocios y en la vida. Él creía que estas claves del éxito podían estudiarse y aprenderse, así que desafió a Napoleón Hill a entrevistar y observar a la gente exitosa y escribir un libro basado en su investigación. A Hill le tomó dos décadas y miles de entrevistas con 500 de las personas más exitosas de su tiempo producir *Piense y Hágase Rico*.

La idea central que descubrió Napoleón Hill fue engañosamente simple: Los pensamientos de una persona determinan los resultados que experimentan. (p.248. La cita más famosa de Napoleón Hill resume esta filosofía: "Cualquier cosa que la mente del hombre pueda concebir y creer, puede lograr."

TODAS LAS PIEZAS CORRECTAS

Cuando comencé a leer el libro de Hill, lo analicé desde la perspectiva de un mecánico de automóviles. Como un manual de reparaciones, *Piense y Hágase Rico* parecía ofrecer instrucciones claras y diagramas para armar el vehículo que me permitiría llegar a mi destino deseado. Dentro de los primeros capítulos, había descubierto una lista de piezas para la fórmula de Hill para el éxito.

Hill describió la primera pieza necesaria como "un propósito definido". Me pareció que yo tenía un propósito definido: quería proporcionarle a mi familia un estilo de vida cómodo y no tener que preocuparme más por el dinero. A medida que seguía leyendo *Piense y Hágase Rico*, se hizo evidente que mi propósito necesitaba una aclaración, pero era un buen comienzo.

Hill recalcaba que un propósito claro no era suficiente para alcanzar el éxito. Hacía falta una segunda pieza: un deseo ardiente de lograr ese propósito. Hill escribió, "No abandones ese propósito hasta que se haya convertido en una obsesión que todo lo consume" (p. 17). Mi deseo se convirtió en obsesión el día que me hijo preguntó por qué estacionaba el auto a cuadras de nuestra casa. Se hizo ardiente dentro de mí.

A continuación, Hill advertía que el propósito y el deseo deben traducirse en planes específicos para su cumplimiento. Ahí estaba perdido. No tenía otros planes más que trabajar duramente en mi oficio elegido como mecánico de autos. Nunca tuve un Plan B. Casi como si Napoleón Hill conociera mi situación, *Piense y Hágase Rico* daba consejos alentadores y medidas claras para desarrollar planes viables para lograr mis sueños. Hill sugería tomar ideas y planes de otras personas que ya habían alcanzado el éxito. Eso era tranquilizador, porque no estaba seguro de cómo iba a idear un plan de éxito personal. Me animó aún más con la idea de que alguien con un propósito definido y ardiente deseo atraerá planes viables, así como personas útiles y recursos. Esto demostraría ser cierto en mi caso.

Una vez establecidos los planes para alcanzar nuestros propósitos, la fórmula de Hill requería "determinación para apoyar ese deseo hasta que (uno) lo cumpliera" (p. 18). Esta cuarta pieza esencial, que aparece exteriormente como *persistencia* o *determinación*, expresa una *fe* o *creencia* interna. Hill afirmaba que si uno está "dispuesto a apostar todo su futuro a una sola vuelta de la rueda para conseguirlo, seguramente ganaría" (p. 16).

En el núcleo de la fórmula del éxito de *Piense y Hágase Rico* había una pieza que yo sabía que no tenía. Hill escribió: "El objeto de este libro es ayudar a todos los que lo buscan a aprender el arte de cambiar sus mentes de la conciencia de fracaso a la conciencia del éxito" (p. 24). Citando el famoso poema *Invictus* de William Earnest Henley, Hill resumía la esencia de su filosofía: "Somos los dueños de nuestro destino, los capitanes de nuestras almas, porque tenemos el poder de controlar nuestros pensamientos." (p. 25). A pesar de que todavía tenía un montón de dudas, miedos e inseguridades, de alguna manera tenía fe en que podía desarrollar esa conciencia de éxito con la ayuda de este libro. Tal vez mi fe se fortaleció debido a lo bien documentada que estaba la investigación de Hill. (Los nombres de muchas de las personas famosas y exitosas que fueron entrevistadas por Hill se enumeran al principio del libro.) Tal vez la fuerte recomendación del libro por el multimillonario Roger Penske me dio la fe que necesitaba para estudiar y seguir adelante con determinación. Algo me dio fe en que las ideas de Hill podrían cambiar mi pensamiento y mi vida, así que lo estudié como si fuera el manual de mi coche favorito.

Mientras leía, mi fe crecía y mi conciencia de éxito se desarrollaba. Con el tiempo supe que Hill estaba escribiendo sobre *mí*, me veía siguiendo su fórmula y alcanzando mis sueños:

> Todo ser humano que alcanza la edad de comprender el propósito del dinero, lo desea. *El deseo* no trae riqueza. Pero *desear* la riqueza con un estado mental que se convierte en una obsesión, y luego planificar formas y medios definidos para la adquisición de riquezas, y apoyar esos planes con persistencia que *no admite el fracaso*, traerá riquezas. (p. 31)

Al llegar a este punto en la lectura de *Piense y Hágase Rico*, tenía la fórmula de Hill en mis notas como una lista de verificación de las piezas necesarias. Sabía que tenía tres de las cinco piezas esenciales, y estaba a la caza de las dos piezas que aún me faltaban. Mi "lista de piezas" era como esta:

- ☑ PROPÓSITO definido
- ☑ DESEO como una obsesión que todo lo consume.
- ☐ PLANES claros para cumplir el propósito definido.
- ☑ DETERMINACIÓN, PERSISTENCIA que no admite el fracaso (o sea, FE, CREENCIA)
- ☐ CONCIENCIA DEL ÉXITO

Puedes pensar en estas partes de la fórmula como respuestas a diferentes preguntas acerca de tu sueño. El aspecto del *propósito* responde a la pregunta "¿Qué?" ¿Cuál es tu sueño? ¿Cómo será y cómo se sentirá cuando lo hayas logrado?

El aspecto del *deseo* responde a la pregunta "¿Por qué?" ¿Por qué quieres lograr esto? ¿Qué (o quién) te motiva?

El aspecto de los *planes claros* responde a la pregunta "¿Cómo?" ¿Cómo llegarás de aquí hasta allá? ¿Cómo vas a financiar tu sueño? ¿Cómo lo vas a dotar de personal? ¿Cómo aprenderás todo lo que necesitas saber para lograr tu sueño?

La pregunta *cómo* me tenía confundido, pero no me detuvo. *Piense y Hágase Rico* amplió mi visión, así que comencé a explorar caminos y opciones que no había considerado previamente. Compré algunas revistas de negocios y analicé franquicias y otras oportunidades. El precio de la mayoría de estas oportunidades me asustó. Sin embargo, una de las ideas clave de Napoleón Hill sobre las personas de éxito fue que encontraban la manera de construir sus sueños con recursos de otras personas (dinero, ideas y esfuerzos de otros). Además, yo no creía tener las habilidades ni la educación para tener éxito en los negocios.

De nuevo, Hill aseguraba que todas las habilidades y la educación podrían adquirirse a través de otras personas.

Mientras leía *Piense y Hágase Rico*, me convencí de que tenía las piezas críticas de la fórmula para atraer hacia mí las demás: Tenía un propósito claro y un ardiente deseo. Ese fatídico viaje a casa con mi hijo me dio la voluntad de darlo todo y nunca renunciar hasta lograr mi ansiado éxito. Casi de inmediato se me presentó un plan realizable y un mentor que me ayudó a ejecutar mi plan y a desarrollar mi conciencia del éxito. Las piezas esenciales estaban encajando.

AJÚSTATE EL CINTURÓN - ESTE PUEDE SER UN VIAJE AGITADO

Si bien rápidamente tuve una probadita de éxito, por favor no pienses que todo fue viento en popa. Hill se esforzó en dejar en claro que cada una de las personas exitosas que entrevistó enfrentaron su cuota de dificultades a lo largo del camino. Lo mismo me ocurrió a mí y te garantizo que será igual para ti. Si pensabas en tu vida como una vuelta en montaña rusa antes de iniciar una nueva empresa, no esperes que esto cambie. En todo caso, va a empeorar. Lo que necesitas ahora son algunos enfoques nuevos para lidiar efectivamente con todos esos baches y curvas.

Afortunadamente para nosotros, el éxito deja pistas— y también *el fracaso*. El empresario y orador motivacional Jim Rohn solía decir: "No pidas que las cosas sean *más fáciles!*" ¡Pide mejorar tú!"

Aprende de cada experiencia. Cuando te enfrentes a vientos turbulentos, deja que te eleven. Como escribió Napoleón Hill: "Cada adversidad trae consigo la semilla de una ventaja equivalente". Visto de esta manera, *todo* sirve para cumplir tu propósito deseado.

Preguntas para Reflexión, Diálogo y Acción:

1. ¿De quién has aprendido más en tu vida y tu carrera?
2. ¿Alguna vez la adversidad o el fracaso te abrieron las puertas para un mayor éxito en tu vida?
3. Si la teoría de Napoleón Hill es correcta (que los pensamientos de una persona determinan sus resultados) ¿en qué has estado pensando?
4. Vuelve a leer la "lista de piezas" en este capítulo. ¿Cuáles son las piezas de esta fórmula para el éxito que tienes— y cuáles necesitas encontrar o desarrollar? Reflexiona sobre cuál podría ser tu propósito definido.

CAPÍTULO TRES:

Si Yo Puedo Ganar Esta Carrera, ¡Tú También!

"Porque como piensa en su corazón, así es él."
—Proverbios 23:7

Cuando conozco a nuevos propietarios de negocios, veo la esperanza y el entusiasmo en sus ojos, y sé con absoluta certeza que *pueden* cumplir sus sueños. Lamentablemente, la experiencia me dice que muchos de ellos no lo harán.

Sé que les puedo proporcionar los sistemas de capacitación, y el aliento que necesitan para el éxito, pero no puedo brindarle las piezas más cruciales: el *deseo* y la *creencia*. *Mi* deseo de que sean exitosos y *mi* fe en que pueden lograrlo no harán la diferencia esencial. Paradójicamente, esas personas de quienes fui mentor y que alcanzan sus sueños, suelen decirme, "Tu fe en mí me convirtió en quien soy hoy." Sin embargo, sé que *su propio* deseo de tener éxito y *su propia* fe y voluntad para tener éxito, en última instancia fue lo que los impulsó.

Napoleón Hill escribió que una persona con un propósito definido y un ardiente deseo atraerá todos los demás elementos necesarios para su éxito, incluida la experiencia, las conexiones, recursos, dinero, planes, ideas y oportunidades. Pero esto sólo ocurre cuando el deseo de lograr el propósito se transforma en "un estado mental que se convierte en obsesión" (p. 31). Esto resultó ser cierto para mí, una y otra vez, y lo he visto suceder en la vida de innumerables personas.

LA MONTAÑA EN TU MENTE

Muchos, sin embargo, se *obsesionan con sus circunstancias* en vez de su visión o propósito. Perciben al trabajo requerido para cumplir un gran sueño como un esfuerzo laborioso para alterar las circunstancias, como mover la proverbial montaña. Pero el verdadero trabajo que debe realizarse es mover *la montaña en tu mente.* Es tu *creencia* que puedes alcanzar tu sueño lo que inspira las acciones que producen los resultados.

La primera vez que concibes un sueño que te inspira, esa creencia se planta como una semilla. Se necesita un esfuerzo heroico para cuidar esa semilla, regarla, alimentarla, y protegerla de las malas hierbas y los depredadores hasta que tenga la oportunidad de alcanzar su potencial. Cuando tu creencia se ha fortalecido y alcanza su plena madurez, se vuelve muy poderosa. Jesús hablaba a menudo de la fe como algo pequeño (un grano de mostaza) con mucho poder; Si tienes fe como un grano de mostaza, podrías decirle a este sicómoro: "Arráncate de raíz y plántate en el mar", y te obedecería" (Lucas 17:6). En otra ocasión, dijo: "El reino de los cielos es semejante a un grano de mostaza que un hombre tomó y sembró en su campo, que de hecho es la más pequeña de todas las semillas; pero cuando ha crecido, es la mayor de las hortalizas y se hace árbol, y las aves del cielo vienen y anidan en sus ramas." (Mateo 13:31-32). Entiendo que esto significa que podemos desarrollar y nutrir nuestra creencia para que de un frágil brote se convierta en un poderoso y vivificante árbol.

Para avanzar, el sueño debe ser específico (debes tener una imagen clara de cómo se verá como cuando se cumpla). Y también debe inspirarte (quieres poder experimentar *ahora mismo* exactamente cómo te sentirías cuando tu sueño se cumpla)-

Estás buscando una chispa—algo que haga latir tu corazón. Cuando ese sueño se haga realidad, ¿cómo estarás en ese momento?

¿Cómo te imaginas que te sentirás? ¿Estarás alegre, pacífico, agradecido, extático, orgulloso, contento, realizado, aturdido, seguro de ti mismo?

Cuando tenía dieciséis años, vi un artículo en una revista Hot Rod que mostraba cómo reemplazar el pequeño motor de cuatro cilindros en un Vega con un V-8 de 350 pulgadas cúbicas. Inmediatamente me imaginé cómo se veía, cómo iba a sonar, y cómo se manejaría. Lo que me llevó a construirlo no sólo fue imaginar el poder de ese motor y la sensación del viento en mi cara, sino ver las miradas en los rostros de amigos y otras personas cuando yo pasara manejando. Esos sentimientos me impulsaron mientras construía ese bólido y otros cinco más.

Apoya con fe la visión de tu sueño cumplido, ¡sé así ahora! El poder de la fe viene de tu capacidad de imaginar cómo vas a ser cuando tu sueño se haya cumplido y tu capacidad para ser así, mucho antes de que tu sueño se manifieste externamente.

La fe requiere el ejercicio de tu imaginación. Esta es la idea central de la investigación de Napoleón Hill: tienes la capacidad de controlar tus pensamientos y tu estado de ánimo. "Cualquier cosa que la mente del hombre pueda concebir y creer, puede lograr." (p.249) Entonces, deja que ese sueño nazca en tu interior. Luego, manteniéndolo en tu corazón y mente como si se hubiera realizado, permite que esa forma de ser impregne tu vida y acciones.

ENCUENTRA TU PROPÓSITO

Si te preguntas si tienes suficiente propósito y deseo, es posible que desees aplicar el principio de "subir a la cima y echar un vistazo" del "pensamiento en las posibilidades" de Robert H. Schuller: Encuentra cualquier meta que te entusiasme y haz crecer tu fe en el proceso de cumplirla. Una vez que escalas una pequeña montaña, puedes echar un "vistazo" desde la cima y ver una montaña más grande para escalar. Una vez que construyes un poco de fe por un sueño pequeño, te das cuenta de que al continuar desarrollando tu sistema de creencias (o tu conciencia de éxito como la llama Napoleón Hill), puedes seguir con los sueños más grandes y más emocionantes.

No importa el tamaño de un sueño. Solo importa que el sueño sea lo suficientemente importante como para encender *un deseo ardiente en tu interior*. Una vez que tienes el propósito y el deseo, desarrollar tu músculo de fe es crítico.

Si sigues este patrón y alcanzas algo de éxito, ganarás confianza en tu capacidad de lograr tus sueños. Empezarás a descubrir tus pasiones más profundas y quizá hasta recuerdes sueños que habías olvidado o enterrado.

Muchos de los hombres y mujeres de quienes fui mentor no podían ver un sueño más allá de salir de deudas, que no es un sueño muy inspirador. En cambio, imagina lo que tendrías y disfrutarías cuando tus problemas de dinero se solucionen. Por ejemplo, yo soñaba con tener una casa y terreno en Montana y proporcionarle a mi familia seguridad y un estilo de vida que incluía vacaciones y juguetes. También soñaba con controlar mi propia agenda, para tener tiempo de disfrutar de mi familia y mi vida.

QUÉ Y POR QUÉ ANTES DE CÓMO

Así como la gente tiende a estar obsesionada con sus circunstancias y no con sus sueños y deseos, también tiende a concentrarse en el "¿cómo?" más que en las preguntas "¿qué?" y "¿por qué?". Quieren entender el *cómo* (los planes) antes de tener claro *qué* quieren y *por qué* lo quieren. Eso es como estudiar un mapa antes de elegir tu destino. Un mapa puede ser útil solamente cuando sabes dónde estás *y* a dónde quieres llegar. Alguien dijo una vez, "Si no sabes a dónde vas, cualquier camino te llevará allá."

Mark Twain dijo en broma: "Yo le puedo enseñar a cualquiera cómo conseguir lo que quiere en la vida. El problema es que no puedo encontrar a nadie que pueda decirme lo que quiere." Y aun cuando una persona sabe lo que quiere, los planes específicos para alcanzar ese sueño nunca son la respuesta más importante a la pregunta de "¿cómo?".

Cada éxito tiene una historia externa y una interna. Pregúntale a cualquiera que haya logrado algo extraordinario, "¿Cómo alcanzaste tu éxito?" Puede ser que te cuente sobre su sueño original e incluso acerca de sus planes iniciales. Después, sin duda, te contará una historia de desviaciones, contratiempos, cambios de rumbo, reinicios, peregrinaciones, y noches en el desierto tan oscuras que no podía leer su mapa. Esa es la historia externa. ¿Y cómo persistió atravesando por estos desafíos? Ahora escucharás la historia interna del desarrollo de la fe en sus sueños y la confianza en sí mismo. Esto ofrece la respuesta más profunda a la pregunta de "¿cómo?"

En la siguiente sección, me referiré a las circunstancias concretas, los problemas y excusas que tienden a impedir que la gente alcance sus sueños. Verás que en cada caso, la solución es la misma: Si tienes el deseo candente de lograr tu propósito, debes desarrollar la creencia de que el sueño se cumple. La fe mueve montañas. La creencia es el matador de dragones.

EL CAMINO A LA MAESTRÍA: MIS 25 AÑOS DE ÉXITO REPENTINO

Los que tienen un propósito claro y ardiente deseo a menudo se enfrentan a un largo (y, a veces, tortuoso) camino de aprender las lecciones que los preparan para su eventual éxito. Cada campo o disciplina implica habilidades a desarrollar, material a aprender, y técnicas a perfeccionar. Lo más importante en este proceso es lo que Napoleón Hill llama "conciencia de éxito". Las nuevas formas de pensar deben ser dominadas. Debes aprender a proteger tu mente.

No todos los pensamientos que corren por tu mente son ciertos y útiles.

Sin embargo, como afirman todos los gurús del éxito, *puedes dominar tu mente.* Puedes aprender a pensar de manera optimista y con fe. Y *eventualmente* eso puede convertirse en una segunda naturaleza. Quizá no hayas andado en bicicleta durante años, pero si alguna vez lo hiciste, puedes subirte a una y en pocos minutos se sentiría perfectamente natural. Pero, ¿puedes recordar cómo te sentías los primeros meses cuando estabas aprendiendo a mantener tu equilibrio? Es igual cuando empiezas a cambiar tus patrones de pensamiento.

Frecuentemente digo que soy un éxito repentino de 25 años. La gente a menudo percibe el éxito repentino, pero no ven los años de esfuerzo que tomó convertirse en una persona que pudiera tener esa clase de éxito. Me divierte cuando la gente atribuye mi éxito a la suerte—estar en el lugar correcto en el momento preciso. No ven el panorama completo. He escuchado decir, "La suerte se produce cuando la preparación se encuentra con la oportunidad." Entonces sí, he tenido suerte toda mi vida. Yo me preparo y Dios proporciona las oportunidades.

En su libro *Outliers*, Malcolm Gladwell presenta un argumento brillante diciendo que las personas que logran cosas extraordinarias lo hacen sólo después de invertir el tiempo necesario para dominar una materia o disciplina.   Él da una regla de oro de 10.000 horas para alcanzar la maestría . Según Gladwell, Los Beatles invirtieron 10.000 horas tocando en los bares de Alemania antes de aparecer en los rankings mundiales de música pop.   Bill Gates aprovechó una oportunidad única de invertir 10.000 horas como programador de computadoras antes de que la mayoría de la gente supiera que existían las microcomputadoras. Mozart puede haber sido un niño prodigio pero, como señala Gladwell, había tocado mucho más de

10,000 horas para la época en que la mayoría de los niños estaban aprendiendo a leer y escribir. Puede parecer un logro de enormes proporciones hacer cualquier cosa durante 10.000 horas, ¡pero esa es la cantidad de televisión que la persona promedio ve en sólo cinco años!

Piensa en una habilidad o arte que hayas dominado. Si yo estuviera dispuesto a comprometer el tiempo y los recursos para practicar esa habilidad, ¿crees que podrías enseñármela? Por supuesto que sí. Todo dependería de mi determinación a adquirir esa habilidad. Y ahí está el problema: *el precio del éxito se paga por adelantado.* La conclusión es esta: si estás dispuesto a invertir el tiempo, puedes dominar casi cualquier cosa.

QUÉ HACE QUE VALGA LA PENA

En el análisis final, la cuestión se reduce a esto: *¿Vale la pena?* ¿Vale la pena invertir el tiempo y soportar cualquier incomodidad por tu sueño? Por supuesto, quiero decirte que desde mi punto de vista, absolutamente vale la pena. En este punto, nunca tendré que volver a trabajar — el ingreso residual cambia todo. Después de haber logrado la verdadera libertad y dominar un nivel de conciencia de éxito, tengo la satisfacción de saber que puedo lograr todos mis sueños.

Pero esta es una pregunta que debes responderte. ¿Vale la pena el esfuerzo y el riesgo por tus sueños?

¿Qué tal si pudieras vivir el viaje como una alegría en vez de un arduo esfuerzo? ¿Eso marcaría la diferencia? A veces me dicen que parecería que trabajo todo el tiempo. Sí, invierto muchas horas en el desarrollo de mis programas, entrenando a mis líderes y ampliando mis operaciones. Esta es la cuestión: Me encanta todo lo que hago. Si no me encanta, no lo hago. Aquí hay una paradoja: *La gente exitosa hace lo que la gente sin éxito no está dispuesta a hacer.* Entonces, **aprendes a amar el hacer las cosas que importan para tu éxito.**

Eso requiere que salgas de tu zona de comodidad. Siempre tienes que salir de tu zona de comodidad para aprender nuevas habilidades y desarrollar nuevas formas de pensar. Si bien he cumplido muchos de mis sueños, siempre estoy trabajando en mi conciencia del éxito. El aprendizaje y el crecimiento son una parte tan importante de mi vida que te será muy difícil saber si alguna actividad en mi rutina diaria es parte de mi vocación, educación o recreación.

Casi todo el tiempo trabajo en mi hermosa casa con vista al Pacífico. Comparto las comidas con mi esposa y estoy disponible para mi familia para cualquier cosa que quieran. En los negocios, me rodeo de personas de ideas afines, positivas e inspiradoras. Nos tomamos unas fantásticas vacaciones de trabajo en todo el mundo. Mi trabajo es mi juego—lleno de alegría y risas durante todo el día. Un filósofo griego llamado Heráclito dijo,

"El hombre está más cerca de sí mismo cuando alcanza la seriedad de un niño que juega." Eso me recuerda a mí. Lo que hago todo el día es mi hobby, mi profesión y mi pasión.

Ahora te pregunto: *¿Cómo te va con eso?* ¿Es lo que llamo "vivir la vida a pleno"? Así que te planteo este desafío: Si quieres volver a descubrir tu Sueño de Vida, encuentra algo que te guste hacer o un sueño por el que sientas pasión, dedícate completamente a ese sueño y realmente nunca volverás a trabajar otro día de tu vida .

Preguntas para Reflexión, Diálogo y Acción:

1. ¿Tienes un sueño que te inspire? ¿Cómo te sentirás, pensarás, y actuarás cuando se cumpla? ¿Puedes sentirte, pensar y actuar de esa manera ahora?
2. ¿Qué habilidad ya has dominado? ¿Qué nivel de esfuerzo requirió?
3. ¿Cuánto vale para ti para que tu sueño se cumpla? ¿Estás dispuesto a invertir (arriesgar) el tiempo y la energía que haría falta? Cuánto tiempo le darás: ¿Dos años? ¿Cinco? ¿Diez?
4. ¿Qué te apasiona más? ¿Podrías construir tu sueño alrededor de eso?

SEGUNDA PARTE:

RECUPERA TU SUEÑO

CAPÍTULO CUATRO:

Estancado

"Nos negamos a creer en aquello que no entendemos. Creemos tontamente que nuestras propias limitaciones son la justa medida de las limitaciones."
—Napoleón Hill, *Piense y Hágase Rico*, (p.27)

Cuando solía mantener "reuniones de oportunidad" para mis asociados para exponer un programa de negocios a posibles clientes interesados, siempre me quedaba después de la presentación para conocer a los que habían mostrado interés y responder a sus preguntas. Precisamente en una de esas presentaciones conocí a mi primer mentor, el Sr. Gouldd, naturalmente así fue como aprendí a conducir mi negocio. A la mayoría de los asociados les toma un tiempo aprender a separar a las personas que tienen un interés genuino de aquellos que son curiosos o tienen otras agendas. Así que, como puedes imaginarte, me encontraba con una audiencia mezclada en todas las presentaciones.

PREGUNTAS INICIALES

Te sorprendería descubrir que la gran mayoría de las personas que dijeron que estaban interesadas plantearon las mismas preocupaciones iniciales. Algunas típicamente se planteaban como preguntas:

- "¿Cuánto tiempo me tomará para tener éxito?"
- "¿Cuánto tiempo requerirá esto (por semana)?"

- "¿Cuánto costará esto antes de que pueda obtener una ganancia?"
- "¿Tendré que hacer estas presentaciones?"
- "¿Qué más tendría que hacer para ganar dinero con esto?"
- "¿Quién vende los productos?"

Otras preocupaciones se expresaban como afirmaciones que podrían considerarse como objeciones:
- "No soy bueno para las ventas."
- "No conozco a nadie que podría ser bueno en esto."
- "Nunca podría hacer lo que haces tú."
- "Las personas que conozco no tendrían interés en esto."

Esto es lo sorprendente de estas respuestas a una presentación de oportunidad: Tanto los *interesados* como los *curiosos* plantean las mismas preguntas y preocupaciones. Ambos suelen comenzar con los fuertes prejuicios y malentendidos que pueden tomar mucho tiempo aclarar. Pero mucho más importante es esto. Una persona que verdaderamente desea encontrar una oportunidad para cambiar su vida y su futuro financiero y una persona que es curiosa, pero carece de un verdadero interés en la búsqueda de una oportunidad de negocio viable, hacen preguntas *por propósitos radicalmente distintos*.

Las preocupaciones expresadas por un prospecto genuinamente interesado caen en una pregunta fundamental para la que necesita respuesta: "*¿Podría (la oportunidad) funcionar para mí?*" Pero el que es curioso y no está genuinamente interesado, generalmente necesita encontrar una justificación para decir "*No me interesa*". Así que plantean las preguntas como una manera de explicar por qué esto no va a funcionarles. Por supuesto, esta conversación improductiva se podría haber evitado si hubiéramos determinado que no estaban interesados en ningún tipo de oportunidad de negocio.

El reto es hacer posible que un prospecto genuinamente interesado supere cualquier *malentendido preconcebido* de lo que implica un programa de negocios y ayudar a que lo vea como *una oportunidad* de cumplir sus sueños y deseos. Responder a sus preguntas es para ellos como un *proceso educativo*.

Pero para alguien que no está verdaderamente interesado, las respuestas a sus preocupaciones se sienten totalmente diferente. Para esa persona, parece agresivo y manipulador. Se siente como "venta" en el sentido ofensivo. Por eso es tan importante aprender a diferenciar a los verdaderamente interesados de los simplemente curiosos. Una diferenciación eficiente les ahorra a todas las partes las conversaciones torpes e incómodas y aumenta la productividad de los esfuerzos de desarrollo de negocios de uno.

UNA LECCIÓN SOBRE CLASIFICACIÓN

Afortunadamente, aprendí la importancia de la clasificación cuando conocí al Sr. Gouldd y me comprometí con el objetivo audaz de ganar $10.000 en mi primer mes en el negocio. Según la fórmula de Napoleón Hill de Piense y Hágase Rico, evidentemente yo tenía el *propósito*, el *deseo* y la *determinación* de tener éxito. Lo que me faltaba era un plan viable para lograr mi meta y lo que Hill llamaba conciencia del éxito. Cuando conocí al Sr. Gouldd, me di cuenta de que él poseía esas dos piezas que me faltaban. Después que respondió mis preguntas, me convencí de que su plan podría funcionar para mí. Y aunque me sorprendió saber que el Sr. Gouldd había instalado auto estéreos para ganarse la vida, tuve claro que de alguna manera había adquirido las cualidades de liderazgo que reflejaban una conciencia interna de éxito.

Cuando le dije al Sr. Gouldd que estaba comprometido a lograr un éxito sobresaliente en los negocios con su ayuda, no pareció impresionado al responder. "Muchos dicen que están comprometidos", me dijo, "pero conoceré tu compromiso al ver a cuántas personas me pones enfrente que estén genuinamente interesadas en mejorar su futuro financiero."

Pareció un reto de macho. Y funcionó. Me apresuré. Empecé a hablar con todos los que conocía, que necesitaban ganar algo más de dinero. Debo habar hablado con docenas de personas en el primer par de días, pero lo único que pude mostrarle al Sr. Gouldd como prueba de mi compromiso fue un amigo que me acompañó a escuchar su presentación.

Frustrado y avergonzado, empecé a tener dudas de si el programa del Sr. Gouldd funcionaría para mí. Ahora, después de años de experiencia en esta industria de la oportunidad, te puedo decir que la mayoría de las personas se enfrentan al fracaso de dos maneras. Algunos culpan al programa, diciendo "Este negocio no funciona." Otros se echan la culpa, diciendo "No soy bueno en este tipo de cosas." Estas personas se estancan antes de sacar el coche de la calzada, así que suspenden el viaje.

En este momento crítico, algo en mí no quería ceder ante estas dudas y temores. En retrospectiva, puedo ver que fue mi determinación a darles una mejor vida a mi esposa y a mi hijo y fue mi fe en que el Sr. Gouldd tenía habilidades e ideas que me faltaban, pero creía que podía aprender. Después de ese primer intento fallido de lanzar mi negocio, le dije al Sr. Gouldd: "No debo estar haciendo bien esto. ¿Puede enseñarme cómo hablarle a la gente para hacer que venga a echarle un vistazo a esto?"

El Sr. Gouldd dijo: "Realmente quieres tener éxito en esto, ¿verdad?" Asentí.

Luego dijo compasivamente: "Me doy cuenta de que sí, pero para tener éxito, tienes que aprender a quitarte de tu propio camino."

"¿Cómo lo hago?" Pregunté, realmente ansioso por aprender.

"En primer lugar, dijiste que quieres "hacer que la gente venga a echar un vistazo a esto.›" La voz del señor Gouldd se intensificó.

"Pero debes entender que no puedes hacer que la gente haga nada. Quieres encontrar gente que ya quiera lo que tú tienes, y señalarles dónde pueden obtener lo que quieren. "Fíjate la gente que viene a mis reuniones," dijo el Sr. Gouldd. "¿Qué ves? Hay un puñado de personas que están constantemente trayendo al 80 a 90 por ciento de los visitantes. Estas son las personas que están decididas a tener éxito en la construcción de un negocio exitoso. Te darás cuenta de que hay muchas más personas que se presentan casi todas las semanas sin un huésped. Sin lugar a dudas están recibiendo algo al venir regularmente a estas reuniones (contacto social, inspiración, un ambiente positivo), pero definitivamente no están construyendo un negocio propio. Si realmente quieres construir un negocio exitoso, tienes que encontrar personas con un serio deseo de tener éxito (como tú). El problema que enfrentas es que sólo encontrarás tal vez dos o tres personas de cada cien con ese nivel de deseo".

Lo miré. "¿Cómo encuentro a esa gente?"

"Trabajas rápida y eficientemente", dijo. "Les dices lo menos posible a tantas personas como sea posible para encontrar a las que tengan un deseo ardiente de tener éxito y estén realmente interesadas en la búsqueda de un plan viable para lograr su éxito. Si te quedas atascado en una conversación con personas que realmente no tienen ese tipo de deseo, te tomará un tiempo muy largo encontrar a los que sí lo tienen, y te desgastarás en el proceso.

"Mantener todas las conversaciones al mínimo aleja la atención de ti y la pone en ellos", dijo. "Lo único que quieres saber es si están genuinamente interesados en encontrar una oportunidad de ganar dinero."

Negué con la cabeza. "Pero casi todos quieren saber qué es". Sonrió. "Porque te están mirando y juzgando la oportunidad por ti—por la impresión que tienen de ti. La gente no puede dejar de evaluar el mensaje según la impresión que tienen del mensajero. Si estuvieras ahí parado con un traje de Gucci, un Rolex y manejando un Mercedes, podrían responder de manera diferente. A la gente le gusta pensar que tiene la mente abierta, pero todos tendemos a juzgar un libro por su portada. Esa simplemente es la naturaleza humana, y no la vamos a cambiar. Así que en cuanto empiezas a responder las preguntas de alguien, inmediatamente empieza a juzgarte y tu mensaje se pierde. Y sucede otra cosa. En algún nivel —quizá inconscientemente— la persona se dice, *No quiero hacer lo que está haciendo este tipo. No quiero molestar a la gente con cosas en las que no está ni remotamente interesada."*

"Entiendo lo que dices", dije, "pero no veo cómo puedo hacer que se interesen en venir a verte sin decir de qué se trata. Necesito saber qué decirles exactamente."

"Recuerda que no harás que se interesen si no están ya interesados en encontrar una oportunidad." El Sr. Gouldd puso su mano en mi hombro. "Déjame preguntarte, Robert, por qué viniste a escuchar acerca de esta oportunidad de negocio? ¿Fue porque te impresionó o te persuadió la persona que te invitó?"

"Para nada" Me reí entre dientes. "¡Vine a conocerte porque me dijo que ganabas $60,000 al mes!"

El Sr. Gouldd levantó las cejas y me sonrió.

De repente todo tuvo sentido. No tenía que enseñarme qué decir, palabra por palabra. Una vez que me di cuenta de que estaba diferenciando, no vendiendo, y que estaba señalando, no persuadiendo, estuve fuera de peligro.

Él me enseñó lo que llamaba el enfoque de la puerta lateral. En vez de preguntar directamente si estaban interesados en ganar más dinero, les preguntaría a quién conocen que pueda estar interesado en ganar más. Casi siempre responderán, "¿de qué se trata?", entonces yo diría, "¿Por qué lo preguntas, estás interesado?"

Cuando insistieran para obtener más información, simplemente les diría, "Mira, no vas a querer enterarte por mí. Sólo soy un mecánico de autos que vive del seguro de trabajo. Si realmente te interesa ganar más dinero, deberías conocer a mi mentor, el Sr. Gouldd. Él gana $60,000 por mes. Él es la persona con la que deberías hablar y él puede responder tus preguntas mucho mejor que yo."

Finalmente, me quité de mi propio camino. Me convertí en el mensajero en lugar del mensaje. Mi trabajo empezó a despertar interés en la gente, así que los que tenían un interés genuino buscaban más información.   Funcionó asombrosamente bien. Era sencillo, honesto y directo. Rápidamente pude diferenciar y encontré en sorprendentemente poco tiempo varias personas genuinamente interesadas. Y el Sr. Gouldd hacía todo el trabajo pesado. Hacía las presentaciones, respondía todas las preguntas y entrenaba a todas las personas nuevas.

PEDIR AYUDA

Desarrollé otra práctica útil casi por accidente. Sabía que no tenía el Rolex ni los zapatos de Gucci y que las personas no pueden evitar juzgarnos por nuestra apariencia. Pero descubrí que la gente está dispuesta a ayudar a otros que lo necesitan, cuando uno se le acerca con sinceridad.

Así que empezaba mis conversaciones con la pregunta, "¿Me podrías hacer un enorme favor?" Generalmente me preguntaban qué necesitaba con una expresión de preocupación que sugería que pensaban que les iba a pedir un préstamo. Cuando, en vez de eso, les pedía una referencia (a quién conoces...) se sentían aliviados y algunos me ayudaban a encontrar a las personas que estaba buscando.

Cuando tuve esa conversación que me cambió la vida con el Sr. Gouldd, yo estaba en la ruina y huyendo de los cobradores . Tuve una educación modesta y no pensé que fuese bueno para mucho, aparte de trabajar con herramientas y coches. No era un vendedor y no hablaba bien.

Desde luego, no me veía haciendo presentaciones como el Sr. Gouldd. De hecho, no hice ninguna presentación hasta alrededor de dieciocho meses después. El Sr. Gouldd me ayudó a entender que ninguna de las cosas que veía como mis limitaciones importaba un comino, a menos que yo lo permitiera. Yo tenía lo que importaba realmente: Estaba *decidido*, tenía un *propósito* y un *ardiente deseo* de verlo cumplido.

Preguntas para Reflexión, Diálogo y Acción:

1. Si descubres que en realidad sólo sientes curiosidad, ¿qué haría falta para que puedas llegar a estar genuinamente interesado en una nueva oportunidad?
2. Si en el pasado iniciaste la construcción de un negocio te detuviste antes de alcanzar tu sueño, ¿cómo explicaste tu fracaso? ¿Fue porque el negocio no funcionó o porque no tenías lo que hacía falta para tener éxito?
3. ¿Cuáles consideraste como tus limitaciones para construir una empresa exitosa?
4. ¿Qué tendrías que hacer de manera diferente para que una nueva empresa sea un éxito? ¿Qué tendrías que aprender?

CAPÍTULO CINCO:

Carreteras Atestadas

La gente exitosa hace lo que la gente sin éxito
no está dispuesta a hacer.
—Anónimo

Si escuchas las conversaciones cotidianas en los lugares de trabajo, muchas personas nunca dejan de quejarse de las limitaciones de sus actuales puestos de trabajo y estilos de vida . Pregúntales si alguna vez sueñan con una vida mejor y te responderán. "¿Quién no lo hace?" Pero si les preguntas si pensarían seriamente en empezar un negocio o hacer algo para mejorar su futuro financiero, muchos dicen algo como, "mi vida no es tan mala.".

Esto me recuerda una historia acerca de un hombre que pasaba por un pequeño pueblo y se detuvo en una tienda de abarrotes. Apenas entró por la puerta, oyó algo que sonó como un perro gimiendo. Mientras caminaba por la tienda se encontró con el perro en un rincón. El perro parecía medio dormido, pero muy inquieto. Se movía, gruñía y gemía. Cuando el hombre llegó a la caja registradora le preguntó al tendero: "¿Qué le pasa a su perro?"

El tendero replicó: "A él le gusta echarse al lado del enfriador, pero allí hay algunos clavos que sobresalen del suelo". El viajero preguntó, "¿Por qué no se echa en otro lugar?" El tendero se encogió de hombros. "Supongo que no le duele tanto."

LA PARÁBOLA DEL SEMBRADOR

Una de las cosas más difíciles de aceptar para mí acerca de la naturaleza humana es que la mayoría de la gente prefiere seguir quejándose de las cosas en vez de hacer algo para mejorarlas. Sabiendo, como sé, que hay un mejor estilo de vida disponible para cualquier persona que realmente lo busque, a menudo siento que quiero el éxito para algunas personas más que ellas mismas. Entonces me acuerdo de lo que Jesús enseñó a sus discípulos acerca de las diversas respuestas que podían esperar de la gente al oír su mensaje. Él les contó la parábola del sembrador:

Les habló de muchas cosas en parábolas, diciendo: "He aquí, un sembrador salió a sembrar. Mientras él sembraba, parte de la semilla cayó junto al camino; y vinieron las aves y la devoraron. Otra parte cayó en pedregales, donde no había mucha tierra, y en seguida brotó; porque la tierra no era profunda. Pero cuando salió el sol, se quemó; y porque no tenía raíz, se secó. Otra parte cayó entre los espinos, y los espinos crecieron al mismo tiempo y la ahogaron. Pero otras cayeron en buena tierra, y dieron fruto, algunas cien, otras sesenta, otras treinta. El que tenga oídos para oír, que oiga ! ... "Por tanto, oíd la parábola del sembrador: Cuando alguno oye la palabra del reino y no la entiende, viene el malo, y arrebata lo que fue sembrado en su corazón. Esta es la que fue sembrada junto al camino. Pero el que fue sembrado en pedregales, éste es el que oye la palabra y enseguida la recibe con alegría; pero no tiene raíz en sí, sino que sólo por un tiempo. Porque cuando viene la tribulación o la persecución por causa de la palabra, inmediatamente tropieza . Y el que fue sembrado en espinos, éste es el que oye la palabra, pero las preocupaciones de este mundo y

el engaño de las riquezas ahogan la palabra, y queda sin fruto Pero el que recibió la semilla en buena tierra es el que escucha la palabra y la entiende, éste sí da fruto y produce: alguna cien, otra sesenta, y otra treinta."
—Mateo 13:3–9; 18–23

Esta enseñanza de Jesús me fortalece para ser persistente en la entrega de mi mensaje — y para estar seguro de que puedo construir un negocio muy exitoso con los pocos representados en la parábola de la semilla que cae en tierra buena. He aprendido que el éxito se produce inevitablemente debido a mi siembra fiel y persistente del mensaje. Una persona inteligente lo expresó así: "Algunos lo harán; otros no, ¿y qué? Alguien está esperando."

He aprendido de esta parábola a confiar en que la respuesta de un individuo nunca determinará mi éxito futuro. Esto me anima a tomar con calma las diferentes respuestas de las personas a mi mensaje. Y, con el tiempo, he encontrado que estas respuestas son notablemente predecibles.

La primera respuesta de la mayoría de la gente cuando se enfrenta a cualquier oportunidad es alguna versión de: "No tengo tiempo", "No tengo el dinero", o "no tengo lo que se necesita (talento, habilidad, educación, influencia, temperamento) para tener éxito en eso."

Generalmente, la gente da estas respuestas sin pensarlo demasiado. Ya sabes por mi historia personal que yo no tenía dinero, ni influencia, una educación modesta, y una personalidad que generalmente no se considera adecuada para la iniciativa empresarial. A pesar de que estaba viviendo del seguro por accidentes de trabajo y básicamente desempleado, todavía sentía que tenía poco tiempo libre — y me estaba empeñando en encontrar un nuevo empleo que se ajustara a mis habilidades, educación y las necesidades financieras.

Todas esas excusas automáticas encajaban en mi situación, pero ninguna de ellas importó realmente. Lee cualquier historia de éxito y verás que estas excusas nunca detuvieron a una persona con un propósito, deseo y determinación.

EL CAMINO ANCHO Y POLVORIENTO

Estas respuestas automáticas (no tengo el dinero, tiempo, o lo que se necesita) surgen de las ideas de nuestra cultura acerca del éxito. Incluyen nociones como estas:

- "Los ricos se hacen más ricos."
- "Hace falta dinero para ganar dinero."
- "Estaba en el lugar correcto en el momento adecuado."
- "Tienes que tener una buena idea para tener éxito."
- "Todo tiene que ver con a quién conoces."
- "La gente se hace rica aprovechando el poder y explotando a otros."

Estas creencias ampliamente sostenidas se basan en una suposición común (pero tóxica): para ser extraordinario primero hay que tener algo extraordinario (suerte, riqueza, influencia, buena apariencia, talento, ideas, energía, etc.). Aunque se puede encontrar evidencia que corrobore estas hipótesis, se pasa por alto la **idea más básica del capitalismo**: *Lo que necesites* (para construir una empresa viable) *lo puedes tener por un precio.* ¿Necesitas dinero para un negocio? Vende acciones, encuentra socios, u obtén un préstamo. ¿Necesitas talento? Contrata a personas talentosas. ¿Necesitas ideas? Mira a tu alrededor y tómalas prestadas. Todos los componentes necesarios están disponibles.

Además, las personas suelen cometer el error de creer que lo que tienen importa más que lo que son en el centro de su ser. Creen mentiras como estas:

- "Cuando tenga el dinero, entonces seré generoso."
- "Cuando tenga tiempo, me concentraré más en mis sueños."
- "Cuando tenga la educación, seré valiente en mi carrera."

Estas ideas equivocadas conducen a la resignación y el conformismo. Al igual que el perro que prefiere quedarse cerca del enfriador, la mayoría de la gente nunca se decide a hacer lo que se necesita para mejorar su suerte. La resolución interna para cambiar la propia situación surge sólo cuando la insatisfacción alcanza el nivel de asco y repulsión.

Vivir poderosamente comienza cuando reconocemos que todo lo nuevo comienza desde dentro, no desde fuera. En todos los asuntos de la creación, ser precede a tener. La valentía viene primero, las acciones audaces en la carrera, a continuación. Ser generoso precede a la creación de riqueza. Enfocar tu mente en el cumplimiento de tus sueños crea aperturas para que aparezcan los recursos, el dinero, y las conexiones.

Sí, parece que debe ser al revés, pero si entiendes esta idea, vas a poseer una de las "llaves del reino": Lo que tienes es resultado directo de lo que estás siendo y cómo estás pensando expresado a través de tus acciones.

En nuestra cultura pesimista, la gente quiere pruebas y garantías. Antes de empezar, quieren asegurarse del resultado. Como verás más adelante en este libro, cuando doy pautas para la evaluación de oportunidades, creo que un poco de escepticismo es saludable. Pero el desconfiado mata tus sueños aun antes de que los concibas.

El desconfiado ve sólo los aspectos negativos de la naturaleza humana y no puede imaginar que alguien pueda hacer algo que realmente mejore la vida de los demás. Esta mentalidad lleva a otra serie de excusas automáticas que tienen que ver con otras personas, como:

- "Todas estas oportunidades son engaños ofrecidos por estafadores."
- "No se puede encontrar buenos empleados/socios de negocios."
- "¡Cuidado con aquellos que dicen que quieren ayudar a otras personas a tener éxito!"

Esta mentalidad común no quiere que tengas éxito, ya que pondría en tela de juicio tu sistema de creencias negativas basadas en el miedo. Señalan a los que fracasaron y dicen, "¿Ves? No se podía lograr." No entienden la sabiduría de la parábola del sembrador. Viven según el credo de la conciencia de fracaso: "Si lo veo, lo creo."

EL CAMINO MENOS TRANSITADO

La conciencia del éxito opina lo contrario: Debes creer en tu sueño antes de verlo cumplido. Este es el secreto sobre el que escribió Wallace Wattles en *La Ciencia de Hacerse Rico*. Él no usó las palabras *fe* y *creencia*. En cambio, escribió acerca de operar "*de una Manera Determinada*".

"Hacerse rico", escribió Wattles, "no depende de tu participación en un negocio en particular, sino de tu aprendizaje para hacer las cosas de una manera determinada". Entiendo que esto significa que debo operar con certeza sobre el éxito de mi negocio, incluso frente a las dudas de los demás.

Las masas siempre ven a la persona con una gran visión y dicen: "Está loco". "¿Quién necesita una computadora personal?", se burlaban en los años ochenta. "¡Nunca malgastaré mi dinero en un teléfono celular!", afirmaban. Para vivir un sueño, hay que alejarse del rebaño de pesimistas y hacer caso omiso de las respuestas de las masas.

Hoy en día algunas personas se quejan de que el sueño americano fue robado (por los ricos, o el gobierno, o alguna otra fuerza oscura).

El Sueño Americano fue robado. Te lo robaron a ti cuando algo o alguien te convenció de renunciar a tu sueño— cuando te convenció de que no tenías nada de valor que ofrecer o lo que se necesita para tener éxito.

El Sueño Americano ofrece una vida de libertad. Si quieres vivir la vida de tus sueños, tendrás que liberarte de la conciencia de fracaso de la multitud. Si alguien te ha robado tu sueño, ¡recupéralo! De todos modos, no lo está usando.

Sin lugar a dudas, la mayor libertad que conocerás será tuya cuando te liberes verdaderamente de las opiniones de otras personas.

Da miedo desafiar a la multitud e ir en contra del pensamiento popular. Sin embargo, la libertad y la satisfacción que disfruto hoy son el resultado directo de elegir "el camino menos transitado", como escribió Robert Frost en su hermoso poema del mismo título. Para mí, esta elección marcó toda la diferencia.

Preguntas para Reflexión, Diálogo y Acción:

1. ¿Qué estímulo o advertencia encuentras en la Parábola del Sembrador?
2. ¿Cuáles son las excusas más probables de mantenerte en el camino ancho y polvoriento?
3. ¿Qué necesitas para superar esas excusas?

CAPÍTULO SEIS:

Giros Equivocados: Lidiar con los Errores Pasados

"Haz lo que creas que no puedes hacer."
—Eleanor Roosevelt

Todos hemos escuchado las historias de Abraham Lincoln, Thomas Edison y muchos otros en nuestra historia que "fracasaron en su camino al éxito." La idea de "levantarte sin ayuda de nadie" ocupa un lugar destacado en la tradición que nos han transmitido sobre el sueño americano. Sin embargo, nuestra sociedad contemporánea parece obsesionada con el fracaso. La prensa y la televisión casi exclusivamente presentan escándalos, desastres y catástrofes. Para ser justos, los medios de comunicación informan sobre lo que atrae a la mayor audiencia, así que es injusto culpar a las agencias de noticias de la fijación de nuestra cultura con el fracaso.

UNA CUESTIÓN DE ENFOQUE

En agudo contraste con los medios de comunicación populares, todos los gurús del éxito desde Wallace Wattles a Anthony Robbins (e incluyendo a Napoleón Hill) subrayan con especial énfasis la importancia de celebrar y centrarse en los propios éxitos mientras se aprende de todo lo que se podría considerar "fracaso". En su camino a la creación de su invento más famoso, Thomas Edison, cuenta la historia, hizo 10,000 intentos de crear un foco incandescente. En lugar de considerar estos esfuerzos como fracasos, Edison dijo que simplemente descubrió por primera vez 10,000 maneras en que un foco no funcionaría.

Esta lección fue fundamental para mi éxito temprano. La mayoría de la gente consideraría mi infancia como una receta para el fracaso. Mi padre era un alcohólico furioso que con frecuencia actuaba con violencia. Después de uno de estos episodios cuando mi madre fue hospitalizada, los servicios sociales me sacaron de mi casa. Después de varios años difíciles en hogares temporales, yo quería más que nada encajar y ser aceptado y amado.

Para encajar con los otros chicos en la escuela secundaria y para ganar su amistad, hice algo realmente estúpido. Me robé un camión de cerveza, lo llevé a dar una vuelta, y usé la cerveza para hacer una fiesta enorme. Mi popularidad aumentó muchísimo, pero duró poco. Las autoridades querían usarme como ejemplo, así que me arrestaron dos días antes de mi graduación. El periódico local publicó mi foto y calificó al incidente como "el arresto por el mayor robo de cerveza en Williston". A pesar de que todavía era menor de edad, fui procesado como adulto y acusado de un delito grave. Fui a la cárcel por poco tiempo.

La gente tiene una de dos respuestas de pasar tiempo en prisión. La mayoría de los convictos sienten que de alguna manera son las víctimas. Este punto de vista conduce a comportamientos que resultan en condenas más largas y visitas de regreso a la cárcel.

Afortunadamente yo estaba entre la minoría de los presos que consideran a la cárcel como una llamada de atención. Después de unos pocos días en la cárcel, yo me dije: "Este lugar no es donde voy a pasar mi vida. Cueste lo que cueste, nunca volveré aquí."

No perdí tiempo para cumplir esa promesa. Cuando todavía estaba en la cárcel, tomé dos semestres de clases para obtener mi grado AA en ingeniería automotriz. Cuando salí, seguí con mis clases. Un año después de mi salida de la cárcel, el periódico publicó un segundo artículo sobre mí. Esta vez me elogiaba por estar en la lista del decano en la universidad. Mi encarcelamiento por delito grave, que aún perdura, fácilmente podría haber arruinado mi vida. En cambio, la usé para concentrar mi energía de manera positiva.

Avance rápido hasta el presente. Después de haber seguido este consejo importante al pie de la letra (celebrar los éxitos y aprender de los fracasos), todavía me sorprendo a veces cuando la gente ve un enorme fracaso donde yo veo un éxito extraordinario. Perdóneme si esto parece como si estuviera echándome flores, pero parece necesario aclarar este punto vital. Hasta ahora en mi carrera he documentado cuarenta y cuatro millonarios que me reconocen como el mentor que les dio la oportunidad de desarrollar su negocio y sus éxitos financieros.

A pesar de que esto es lo que yo considero uno de mis grandes logros, no es raro que alguien pregunte: "Si decenas de miles de personas se unieron a tus organizaciones de mercadeo a través de los años, ¿por qué hay sólo cuarenta y cuatro millonarios? ¿Qué me dices de los miles de fracasos que nunca ganaron un centavo?"

Y yo les pregunto cómo es en otras industrias y movimientos. ¿Cuántas personas se han propuesto en la escuela secundaria o la universidad el sueño de convertirse en atletas profesionales? Un gran entrenador de secundaria probablemente entrena a miles de jugadores a través de su carrera, y ¿acaso no se consideraría afortunado de que uno de sus estudiantes se convierta en un jugador estrella de la NFL?

¿Y qué podemos decir de la industria del cuidado de la salud? ¿Debemos medir el éxito de la profesión médica y la industria farmacéutica por cuántas personas no se recuperan o mueren durante el tratamiento? ¿O debemos concentrarnos en los que se curan?

Piensa en la industria editorial. Decenas de miles de libros se publican todos los años. Entiendo que el 95% de esos venden menos de 200 ejemplares. Menos del uno por ciento vende más de 1,000 ejemplares. Apenas un puñado llega a ser un best-seller. ¡Luego está la cuestión de cuántos de los libros que se compran se leen en realidad!

La Biblia es el libro más vendido en la historia, pero ¿cuántas personas la han leído hasta el final? ¿Cuántas personas han llegado a dominar sus temas y a aplicar sus valores en sus propias vidas: la generosidad, la hospitalidad, la paciencia, la humildad, la fe, la esperanza y el amor? ¿Acaso el hecho de que no apliquemos esta sabiduría en nuestras vidas significa que Dios o los autores de la Biblia son un fracaso?

La parábola del sembrador presentada en el capítulo anterior coincide con la filosofía de los gurús del éxito y sugiere que celebremos la semilla sembrada en buena tierra, que trae una abundante cosecha, y no nos preocupemos por la semilla que no da fruto.

Lo que deseas de la vida determina tu reacción al fracaso. Si tienes un sueño, y deseas una manera de lograrlo, ves al fracaso como un escalón. Pero si quieres que tu vida sea estable, previsible y sin problemas, verás al fracaso como una excusa respetable para conformarte con la vida que tienes. Cada vez que cuentes la historia de tu fracaso, te escucharán con compasión. En cualquier caso, el fracaso sirve para cumplir nuestros deseos, así que sintámonos agradecidos por el fracaso.

APRENDER A CONCENTRARSE EN EL DESEO

No puedo dejar de recalcar la importancia de desarrollar una mentalidad que aprende de los errores del pasado y se concentra en el cumplimiento de su sueño. Esta mentalidad juega un papel clave en el desarrollo de lo que Napoleón Hill llamó "conciencia del éxito". Vivir en el pasado mientras se busca lograr un sueño es como tratar de conducir un coche con las manos y los ojos fijos en el espejo retrovisor. Cuando ocurran contratiempos, inconvenientes u otros eventos que puedan considerarse fracasos, tómate el tiempo para aprender de ellos. Pero nunca pierdas de vista tu sueño; mantén tu atención en la meta por delante.

Dado que la clave para sacar el máximo partido de nuestros fracasos es aprender de ellos , tenemos que aprender un poco sobre el aprendizaje. Y dado que tomo mi trabajo como educador, el aprendizaje ha sido un área de interés permanente para mí. He descubierto que el fracaso a menudo nos da la cualidad más importante que se requiere para el aprendizaje: la humildad.

Se dice: "Lo que no sabes no te hará daño." Pero me parece evidente que el fracaso sirve como una llamada de atención que nos dice: "Lo que no sabes ya te ha hecho daño."

Antes de esa llamada de atención, más de un aspirante a empresario siguió alegremente su camino, sin saber que carecían de las habilidades y conocimientos básicos necesarios para su negocio. Los educadores se refieren a esta parte de una experiencia de aprendizaje como la incompetencia inconsciente (él no sabe cómo tener éxito, pero no sabe que no lo sabe).

Mientras las fuentes de capital se vacían y el flujo de dinero se agota, estas personas continúan operando con una falsa confianza en sus conocimientos y habilidades. Quiero preguntarles: "Si lo que ya sabes te podría llevar a donde quieres ir, ¿no estarías ya allí?"

Para algunos, el fracaso será esa llamada de atención. De pronto entrarán en lo que los educadores llaman la etapa de la incompetencia consciente (no saben cómo tener éxito y ahora se dan cuenta de que no lo saben). Esta es la verdadera humildad. Para otros, por desgracia, será el fin del camino para sus sueños. En lugar de ver el fracaso como un proceso de aprendizaje, se avergonzarán de su fracaso o le echarán la culpa a cualquier cosa que no sea su propia falta de entendimiento y habilidad.

TRES ÁREAS DE COMPETENCIA

Para lograr el éxito en los negocios, encontré que hay tres áreas de competencia que se deben aprender y eventualmente dominar: el desarrollo personal, trato hábil de la gente y la experiencia específica requerida en un negocio particular. Si bien puede ser posible aprender la mayor parte a través de ensayo y error, te recomiendo un enfoque más racional: Encuentra un mentor con un historial probado y asiste a la escuela. En cualquier caso, tendrás que someterte a un proceso de aprendizaje. En otras profesiones, la gente entiende que la educación es indispensable. Nadie quiere un médico o un abogado que no haya finalizado su capacitación. En los negocios, también es así: *¡El precio del éxito se paga por adelantado!*

1. Desarrollo Personal

La primer área de competencia, el desarrollo personal, puede ser la más crítica. A menudo se ha dicho, "Para que las cosas cambien, tienes que cambiar". Si has leído a cualquiera de los maestros de éxito que he mencionado, verás que destacan la importancia de trabajar en cómo piensas y cómo respondes a los desafíos. El desarrollo personal incluye aprender a sumir la responsabilidad por la vida que tenemos y aprender a tomar el control de nuestras opciones, reacciones, pensamientos, estados mentales y emociones. En última instancia, el desarrollo personal tiene como objetivo liberarnos y capacitarnos para tomar fielmente las acciones necesarias para nuestro éxito.

La primera vez que empezamos a practicar una nueva habilidad, experimentamos momentos de *competencia consciente* (podemos hacer eso torpemente y con gran concentración). Cuando hemos invertido suficiente tiempo practicando una nueva habilidad (enfrentando dificultades y molestias) se convierte en una segunda naturaleza. Esta etapa, conocida como la *competencia inconsciente*, abre la puerta a la maestría.

ROBERT HOLLIS *con* Max J. Miller

La gente se resiste a desarrollar nuevos hábitos. Al principio, esas prácticas se olvidan fácilmente. Requieren disciplina, que suena dolorosa. Hoy en día hay todo tipo de aplicaciones de teléfonos inteligentes que te recuerdan realizar tus rutinas diarias, pero al final todo se reduce a tomar la acción. Ralph Waldo Emerson escribió en su ensayo "Compensación", que "La ley de la naturaleza es, hacer la cosa, y tendrás el poder, pero los que no la hacen, no tienen el poder". Es tan simple como eso —sencillo de hacer y sin embargo, sencillo de *no* hacer.

Puedes haber notado que muchas figuras heroicas realizan estas prácticas con solemnidad y ceremonia. Me fascinó ver en la película *Corazón Valiente* como los guerreros se pintaban cuidadosamente rayas en la cara y bailaban fervorosamente como un rito formal antes de la batalla. ¿Qué superhéroe no tiene una rutina para alistarse y prepararse para la acción? Estoy seguro de que estas prácticas adquieren un significado casi religioso debido a su gran poder para poner a punto la mente, las emociones, el espíritu y el cuerpo, y concentrar nuestras energías para un desempeño eficaz.

Estas practicás se conocen como rituales. Todas las personas exitosas que conozco tienen una colección de rutinas que practican fielmente para entrenar su mente para la conciencia del éxito. Con el tiempo, éstas enriquecen nuestra forma de pensar.

El *ritual* que todos mis mentores practican fielmente consiste en leer y escuchar libros y presentaciones inspiradoras y edificantes. Durante más de dos décadas he seguido la rutina diaria de llenar mi mente con ideas inspiradoras de otras personas exitosas. Esta práctica comenzó cuando empecé a leer *Piense y Hágase Rico* todas las mañanas y las noches. Después de haberlo leído alrededor de una docena de veces, le pedí a mi mentor que me recomendara otros libros. Luego comencé a escuchar grabaciones de gente como Jim Rohn, Zig Ziglar, Bob Proctor, Earl Nightingale, Tony Robbins, y muchos otros.

Pagué miles de dólares para formar mi biblioteca de libros y programas de audio . Hoy en día se pueden ver vídeos de muchos de estos mismos maestros sabios gratis en YouTube. Sólo tienes que buscar por cualquiera de los nombres que he mencionado o por términos como inspiración, liderazgo y éxito.

Otro *ritual* maravilloso que he incorporado a mi vida desde hace décadas es la práctica del agradecimiento. Como parte de mi "tiempo tranquilo" cada mañana, doy las gracias por todas las bendiciones que diariamente se vierten en mi vida. Puedes estar pensando, *yo estaría agradecido también, si tuviera tus ingresos.* Es importante entender que comencé este *ritual* tiempo atrás, cuando los cobradores pululaban como moscas. Tomé la idea después de leer el maravilloso libro de Og Mandino, *The Greatest Miracle in the World* (El Milagro Más Grande del Mundo): Desde entonces, descubrí que casi todos los maestros sobre el éxito instan a sus seguidores a desarrollar la práctica de la gratitud. Tiene mucho sentido.

Me resulta difícil entender cómo se puede esperar más del universo o de la vida cuando no se está agradecido por lo que uno ya tiene. Cuando le preguntaron a Oprah cuál era la única cosa a la que podría atribuir más su éxito, describió su práctica de llevar un diario de gratitud. Mucho antes de empezar su asombrosa carrera en los medios, Oprah empezaba y terminaba su día escribiendo todas las cosas por las que estaba agradecida.

El hecho de que todas las personas exitosas practican estos *rituales* señala el secreto que distingue claramente a los ganadores de las masas en la vida: Los ganadores se dan cuenta que pueden dar forma a los patrones de sus pensamientos y creencias, y hacen de esto su principal prioridad. Fue Tony Robbins quien me ayudó a comprender totalmente esto. "La clave para desbloquear tu poder personal," afirma Tony, "radica en tu capacidad de cambiar tu estado mental y emocional en cualquier momento y en un abrir y cerrar de ojos."

Esta toma de conciencia produce uno de los "detonadores" esenciales en la base de cualquier programa de desarrollo personal que valga la pena. La lectura de un solo libro probablemente te hará surgir este "detonador". Pero realizar diligentemente este tipo de *rituales* a lo largo del tiempo es casi seguro que producirá este "detonador", y muchos otros que te pondrán en el camino hacia el éxito. En todos los sentidos, ***el precio del éxito se paga por adelantado.***

2. Habilidades de trato con la gente

La segunda área de competencia necesaria para el éxito en los negocios involucra habilidades de trato con la gente . El éxito en cualquier campo requiere una comprensión fundamental de lo que funciona en el trato con la gente. Las habilidades interpersonales juegan un papel esencial en mi negocio, y por eso las trato en detalle en este libro.

En muchos sentidos, las habilidades de trato con la gente que te ayudan en los negocios surgen naturalmente de tu desarrollo personal. Los avances en la confianza personal, competencia y autoestima fomentan las cualidades ganadoras con otras personas: apertura, respeto, paciencia y generosidad.

La competencia básica en el área de habilidades del trato con las personas implica respeto y aprecio por todas las variedades de seres humanos. Aprender a escuchar con verdadero interés y compasión por los valores únicos, ambiciones, preocupaciones, temores y sueños de cada individuo debe ser un objetivo de toda persona que aspire al liderazgo en los negocios.

3. Habilidades Específicas para los Negocios

El área final de competencia o aptitud para el éxito en los negocios consiste en el aprendizaje de las habilidades y las prácticas del negocio o de la empresa que elegimos construir. En cualquier empresa, hay media docena de habilidades o competencias que en conjunto determinan el éxito o el fracaso.

En definitiva, en los negocios se trata de *construir una base de clientes satisfechos*. Cada empresa tiene un enfoque para encontrar, contactar y servir a sus clientes. Al igual que con todas estas áreas de competencia, la clave del éxito es *dominar lo cotidiano*. Eso significa que tienes que averiguar lo que funciona para atraer y retener a los clientes, hacerlo habitualmente, practicarlo, y dominarlo.

Aunque la esencia de una operación de negocio eficaz se puede reducir a un puñado de competencias, empezar un negocio —poner en marcha la mayor parte de los sueños, requiere muchos pasos. El descubrimiento de una total incompetencia en un área, o encontrar que no se puede ejecutar un paso en el proceso por cualquier motivo, a menudo detiene a una persona. En lugar de concentrarte en lo que no puedes hacer ahora, busca los pasos que sí puedes seguir. Sigue todos los pasos posibles hoy. Esos pasos, tomados como actos de fe, parecen disparar algo en el universo o en tu mente, y repentinamente se abren las puertas que te permiten seguir el paso que antes no podías. Sigue los pasos sencillos, para entrenar a tu mente a pensar, *puedo hacerlo*.

Nunca dudes en pedir ayuda. Un experto puede señalarte tus puntos ciegos (incompetencia inconsciente) si estás abierto a eso. Cuando aceptas los comentarios y sugerencias de un experto, a menudo algo se abre. Se produce un momento de revelación y ves las cosas con una nueva claridad. Pasas de preguntarte acerca de tu futuro a una comprensión y una determinación sobre cómo va a resultar.

Cuando ese algo se abre, de repente sabes que sabes que *sabes* que tu sueño se convertirá en realidad. Se hará realidad porque tú lo dices y no renunciarás hasta que suceda.

Hace años, cuando decidiste que obtendrías tu licencia de conducir, estabas decidido a seguir tomando la prueba hasta pasarla. El asunto estaba resuelto de antemano. Cuando se produce esa revelación, de repente te ves haciendo eso que pensabas que no podías hacer. Estás avanzando hacia tu meta, y tu vida nunca será la misma.

Preguntas para Diálogo, Reflexión y Acción:

1. ¿Cómo el fracaso pasado te impidió alcanzar tus sueños?
2. ¿Qué debes aprender de tu(s) fracaso(s)?
3. ¿En cuál de las tres áreas de competencia estás listo para ponerte a trabajar?
4. ¿Cuáles son los *rituales* que establecerás para empezar a desarrollar tu *conciencia del éxito*?

CAPÍTULO SIETE:

Obstáculos Reales

"Nada en la vida es de temer.
Sólo hay que entenderlo."
—Marie Curie

Los fracasos anteriores, bien entendidos, no son obstáculos sino que ayudan a nuestro eventual éxito. No obstante, el *miedo al fracaso* ha impedido que incontables soñadores alcanzaran sus metas.

EL MIEDO AL FRACASO DESENMASCARADO

He entrevistado a miles de personas en el momento en que están sopesando los riesgos y beneficios potenciales de iniciar un nuevo negocio. Y descubrí que los problemas que más comúnmente expresan, en primer lugar, "no me lo puedo permitir" y "No tengo el tiempo", por lo general funcionan como cortinas de humo.

Cada vez que escucho una de esas respuestas, pienso, *¿En serio? Lo que estás haciendo ahora te tiene en quiebra y demasiado ocupado para crear la vida de tus sueños. ¿Cómo te está yendo con eso?* Al parecer, estas dos condiciones te dan incentivos perfectos para decirle "sí" a la oportunidad. Por supuesto, no expreso estas observaciones en voz alta - la gente tiene que darse cuenta de estas cosas por sí misma. Sin embargo, en veinticinco años y miles de entrevistas, nunca conocí a nadie que realmente se detuviera por falta de dinero o tiempo. La gente supera las limitaciones de tiempo y dinero en toda clase de formas creativas. Conozco a un hombre que vendió su motocicleta para empezar un negocio, así podría pasar más tiempo con su familia. Yo sabía que él amaba su motocicleta, así que le pregunté por qué la había vendido. Y me dijo, "amo más a mi familia."

Algo de sondeo revela a menudo que estas excusas de "no tengo dinero o tiempo" ocultan una fuerza subyacente que la mayoría de las personas se resisten a enfrentar directamente: el miedo al fracaso. La mayoría de la gente dirá que sueña con una vida mejor y desea poder encontrar una oportunidad real, pero el miedo paralizante al fracaso detiene a innumerables soñadores. Con el tiempo descubrí que el miedo al fracaso, a su vez, oculta una preocupación aun más profunda de conservar la reputación. El obstáculo principal que impide que las personas entren en un negocio por su cuenta, surge de un *valor fuera de lugar de guardar las apariencias.*

Si alguna vez has tenido la sensación de que el miedo al fracaso te impide proceder hacia tus sueños, por favor piensa que tal vez no le temas al *fracaso* como tal. Quizá tengas miedo de parecer un perdedor a tus amigos y familiares. Tienes miedo de no encajar. Analicémoslo. Cuando aprendiste a andar en bicicleta, ¿cuántas veces fallaste? No importa cuántas veces te rasparas y golpearas al caerte, volvías a intentarlo.

¿Por qué estaba bien fallar y seguir tratando en ese entonces y no lo está en los negocios? Porque *no* aprender a andar en bicicleta te convertiría en un paria. Todos tus amigos te iban a pasar andando en bicicleta y riéndose mientras tu caminabas hasta la escuela. Todo se relaciona con la conformidad, y lo que más importa es *lo que espera tu grupo de pares.*

Este es otro ejemplo: Cuando terminas segundo grado, se espera que pases a tercero. Si parece que no lo vas a lograr, obtienes aliento, una atención especial, tal vez un poco de disciplina o de tutoría. Pero el fracaso no es posible. ¿Por qué? Simplemente, porque *en tu comunidad*, se espera que todos pasen de segundo a tercer grado.

75

Así que ahora estás en décimo grado. ¿Pasas a undécimo grado? Eso depende. ¿La *mayoría* de las personas de tu comunidad termina la escuela secundaria? Si casi todos terminan, entonces eso es lo que se espera de ti. Esto confirma lo que intuyen todos los padres: *Te vuelves igual a las personas con las que te rodeas.*

Y seamos sinceros, no es probable que la mayoría de tus amigos y familiares arriesguen sus reputaciones para iniciar su propio negocio. El tirón de la conformidad es más fuerte que la gravedad. Así que tienes que elegir entre perseguir tu sueño o encajar con la multitud. Lamentablemente, la mayoría de la gente prefiere pasar el resto de sus días quejándose de que no tiene tiempo o dinero para disfrutar de la vida antes que hacer algo al respecto —si eso significa que desafían las expectativas de sus pares.

¿Qué pensaría la gente? ¿Qué pensará la gente si fracasas en los negocios? Francamente, es probable que no te importara lo que la gente piensa de ti si te dieras cuenta de cuán *rara vez* lo hace.

EL MIEDO Y LA FE FRENTE A FRENTE

Si bien el miedo paraliza a muchos, paradójicamente, el miedo también puede impulsarnos a actuar. El miedo a la pérdida puede ser una potente motivación. La perspectiva de toda clase de pérdida —de posesiones, relaciones, estatus social, oportunidad o amor— puede impulsarnos a la acción con una alarmante sensación de urgencia. Los que nacieron después de la guerra, asustados por la desaparición de sus pensiones y la insuficiencia de sus ahorros para la jubilación, luchan por encontrar nuevas fuentes de ingresos. Aterrorizados ante la perspectiva de perder sus casas y estilo de vida, están buscando nuevas oportunidades de empleo y empezando negocios en cantidades récord. Por lo tanto, el miedo a la pérdida— estrechamente relacionado con el miedo al fracaso— también enmascara la preocupación de proteger la reputación.

Ambos tipos de miedo buscan preservar nuestro status quo. El miedo funciona como un termostato, tratando de mantener un nivel de comodidad constante en nuestro medio. Si algo cambia en nuestro ambiente, el miedo entra en acción y trata de evitar el cambio o hacer que las cosas vuelvan a como estaban. Así, el miedo puede ser una fuerza muy potente.

Aunque el miedo puede ser la fuerza predominante en la vida de la mayoría, la fe puede ser aún más poderosa en las vidas de aquellos que la practican y desarrollan. Generalmente, la fe pretende anular el statu quo que el miedo busca preservar. La fe trata de crear algo nuevo.

El escritor del libro del Nuevo Testamento *La Carta a los Hebreos* escribió: "La fe es la certeza de lo que se espera, la convicción de lo que no se ve" (Hebreos 11:1). En otra parte de la Biblia cristiana, el patriarca Abraham recibe elogios por modelar su fe como el propio Dios, quien "llama a las cosas que no existen, como si existieran" (Romanos 4:17).

Eso es lo que pienso de la fe: mantener una imagen mental de confianza de lo que quiero, y hablar de eso como si existiera hasta que se manifieste a la vista de todos. Me fascina que muchas personas que ridiculizan los actos de fe como una especie de fantasía o sueño, consideran a los miedos como basados en la realidad o como una expresión de ser prácticas y realistas. Pero no se dan cuenta de que tanto la fe como el miedo son actos de la imaginación humana. Ambos miran al futuro y se imaginan cómo podría ser. El miedo imagina un futuro con un resultado indeseable, pero la fe prevé un final feliz. Ninguno de los dos es "real". Simplemente, ambos son puntos de vista.

EL EGO CREA LÍMITES

Cuidado con la vocecita que puede estar diciendo que sin temor perderás toda motivación. Es tu ego, tratando desesperadamente de mantener todas las piezas conocidas en su lugar. El ego no puede prosperar sin temor, pero tú puedes progresar al liberarte de las cadenas del miedo y el ego.

Todos encontramos miedos. En algún nivel, queremos mantener la vida como está. Así como los seres humanos *universalmente* experimentan miedo, todas las personas que logran grandes sueños han superado el miedo *universalmente* a través de actos de *fe*. El miedo nos obliga a operar dentro de los límites de nuestras fortalezas y debilidades conocidas. La fe va más allá de nuestro ego y nos abre a los recursos y capacidades sin explotar.

Para mí, ego significa "alejar a Dios". Mientras tengas todas las respuestas y confíes en tu propia fuerza, no hay lugar para los milagros. Tu gran salto adelante comienza por dar un paso atrás y humillarte. Sólo entonces puedes aprender lo que significa "pedir, buscar y tocar a la puerta."

Veo a muchos *baby boomers* que empiezan negocios por miedo a perder su estilo de vida conocido. Pero también veo a otros *boomers* que no tienen que preocuparse por sus finanzas personales, y sin embargo están interesados en oportunidades de negocios. Muchos de ellos están creando nuevas empresas por el deseo de tener un impacto en el mundo. Ellos tuvieron carreras exitosas. Crearon sus ahorros. Sin embargo, desean dejar un legado. Todo esto es bueno. La mayor motivación —mayor que el miedo a la pérdida— proviene de un profundo sentido de propósito.

Y esto es lo interesante: estas personas a menudo enfrentan una lucha parecida con sus egos mientras buscan tener éxito en un nuevo negocio. Observan mi éxito y no lo entienden realmente. Luego, antes de haberse tomado el tiempo para estudiar mi sistema y filosofía, empiezan a "mejorarlos" basándose en sus propios éxitos pasados, fortalezas y experiencia. Por favor, no concluyas que creo que mi sistema no admite mejoras; no ha dejado de evolucionar desde hace veinticinco años y continuará haciéndolo con las ideas y la ayuda de muchas de las personas que lo han dominado.

Pero esto es lo que sucede cuando tratan de mejorar el sistema antes de aprenderlo. Inconscientemente impulsados por el ego, "mejoran" mi sistema de alguna manera que, inevitablemente, tiene alguna cualidad que ha demostrado ser exitosa para ellos en otra línea de trabajo. Por ejemplo, reescriben mi presentación básica para actualizarla, modernizarla y darle más sofisticación y refinamiento. Pero no reconocen que mi sistema funciona muy bien así como está.

Yo no me tomo sus críticas personalmente. Con frecuencia, son las mismas personas que ridiculizan otras campañas de marketing muy exitosas. ¿Has visto el anuncio de *Snuggie*? La gente lo parodió y lo convirtió en el blanco de muchas bromas. Ridiculizan el comercial como estúpido y poco profesional. Sin embargo, con ese tonto comercial, el inventor de Snuggie ha vendido más de veinticinco millones de esas tontas batas de baño de felpa. ¿Crees que los sentimientos del tipo están heridos sabiendo que la gente se reúne alrededor del enfriador de agua a hablar de su idea ridícula? Va llorando todo el camino hasta el banco.

Las personas que quieren cambiar mi sistema pueden tener buenas intenciones, pero no entienden que mi negocio funciona sobre un principio de duplicación que es psicológicamente delicado. Si la gente ve lo que parece ser una presentación pulida piensa, *yo nunca seré capaz de hacer eso* y no busca más. El patrón de duplicación no se inicia. Por lo tanto, las fortalezas, guiadas por el ego, se convierten en debilidades.

No te puedo decir la cantidad de prometedores nuevos asociados en mi negocio que se sumergen con entusiasmo y caen de boca. Cuando investigo lo que están haciendo, inevitablemente han cambiado alguna parte del sistema para adaptarla a su estilo personal. Pero su estilo personal no se duplicará, así que el sistema no funciona. Algunas de estas personas se humillan y buscan mi consejo, así como yo busqué el del señor Gouldd cuando fallé al principio. Otros, lamentablemente, se dan por vencidos. Se lo adjudican a sus deficiencias personales o a una debilidad en mi sistema de negocio. Dicen, "Le di una oportunidad" pero en realidad no fue así.

Estos errores inducidos por el ego —exceso de confianza y falta de confianza— producen los dos escollos principales que conducen al fracaso en los negocios. El que no tiene confianza siente que debe dominar todo lo que se debe saber de su negocio antes de avanzar. Así que toma cursos, lee libros y nunca deja de prepararse para empezar—pero nunca lo hace. La persona con exceso de confianza no aprende de los que lo han pasado antes, que cometieron los errores y han alcanzado el éxito. Eventualmente podrá reinventar la rueda, pero es más probable que recree todos sus errores traumas y fracasos— y se desanime.

¿Cómo se resuelve este problema de demasiada o demasiado poca confianza? El arma secreta que atraviesa este nudo gordiano consiste en encontrar un mentor bien documentado y seguir fielmente su sistema comprobado. Como dijo Peter Drucker, "El sistema es la solución." O, como digo a menudo, *la gente no se duplica — se duplican los sistemas.*

Trabajar con un mentor probado y un buen sistema permite que una persona nueva deje de obstaculizarse, como mi mentor me aconsejó y "*encontrar* personas que ya quieren lo que tienes y *señalarles* donde pueden conseguir lo que quieren." Esto le permite a un principiante conseguir resultados con una rapidez sorprendente. Siempre animo a la gente a pensar en sus primeros meses y años en el negocio como "ir a la escuela", pero el sistema les permite ganar mientras aprenden. Voy a describir mi aplicación concreta de esta estrategia en la siguiente sección.

COMO LIDIAR EFICAZMENTE CON LA DUDA

En ocasiones, alguien se me acerca y me dice con aparente humildad, "Simplemente no tengo fe para esto." Perciben la fe como la ausencia de dudas y miedo. Lo que se puede ver como una falta de fe en realidad puede surgir de la ineficacia en lidiar con las dudas.

Las dudas son pensamientos enraizados en el miedo. Pero esos pensamientos te influyen solo en la medida en que los creas. Extrañamente, tu creencia en estas ideas es lo que te roba la fe. Creer estos pensamientos de temor te saca del juego. Deja de creer esas cosas, y es posible que vueles hacia tu sueño casi sin esfuerzo.

Podrás estar preguntando, "¿Cómo puedo parar de creer en mis pensamientos atemorizantes?" Y aquí es donde empieza el trabajo real. Se trata de descubrir cómo dejar de obstaculizarte. Heredaste muchas de las creencias que hoy tienes (o que te tienen). ¡No puedes culparte por tenerlas, y tampoco puedes culpar a tus padres y maestros porque ellos también las heredaron! Pero puedes analizarlas y puedes cuestionarlas.

Dudar de tu capacidad de tener éxito puede venir de la creencia de que eres lento para aprender. Probablemente tomaste esa forma de pensar en el jardín de infantes, así que te ha estado persiguiendo durante mucho tiempo. Probablemente querrás preguntar "¿cómo te va con eso?" ¿Cómo sería tu vida si renunciaras a esa creencia y empezaras a pensar en ti mismo como un ser creativo, confiable o alguna otra forma de ser poderoso? Cuando examinas tus creencias, puedes conservar las que te sirvan y abandonar las que te limiten. Este proceso de clasificación de los pensamientos es el núcleo de mi trabajo con todas las personas para quienes soy mentor.

Transformar el miedo en fe es el mensaje principal de libros como *Piense y Hágase Rico* y la obra maestra de Wallace Wattle, *La Ciencia de Hacerse Rico*. Muchos de los maestros de gran éxito se han esforzado en señalar que el coraje y la fe no se experimentan como la ausencia de miedo, sino sólo en la presencia del miedo. La valentía, se ha dicho, es tener miedos y seguir adelante a pesar de ellos.

Desearía poder darte una píldora mágica que te diera el poder de abandonar todos tus pensamientos atemorizantes. Pero no existe tal cosa. Identificar esos pensamientos de miedo que te detienen y la decisión de descartarlos —o avanzar a pesar de ellos —requiere un esfuerzo concentrado. Muy pocos lo logran sin el apoyo de un mentor o de un grupo comprometido a hacer este trabajo transformador y fortalecedor. Por esta razón, la iniciativa empresarial se ha descrito como "un programa de desarrollo personal con un plan de pago."

LA VIDA MÁS ALLÁ DE TU ZONA DE COMODIDAD.

Los obstáculos reales para el éxito incluyen el miedo, el ego, las creencias limitantes, y finalmente, la comodidad. A menudo veo a personas que parecen tener todas las piezas correctas para alcanzar el éxito y, sin embargo, nunca sacan el vehículo del garaje. Dicen que están buscando oportunidades, y se inscriben a un programa de negocios en particular. Mientras están entre otros propietarios de negocios motivados, parecen entusiastas y concentrados. Pero cuando regresan a sus propias casas, familias y entorno conocido, no realizan ninguna de las acciones necesarias para construir sus negocios.

Enfrentan el obstáculo del confort. En algún nivel están cómodos con cómo están las cosas. Podrán quejarse de las circunstancias, pero de alguna manera están contentos con el status quo. Como dijo el tendero sobre el perro que se echaba sobre los clavos, "Supongo que no le duele tanto."

Si tuviera que identificar un culpable de la desaparición aparente del sueño americano para millones de personas, culparía a la comodidad. Nos ha ido tan bien durante tanto tiempo que la gente ha perdido el contacto con las cualidades de la visión, la determinación, el deseo y la fe que poseían los que construyeron nuestra forma de vida próspera. El sueño americano sigue ardiendo brillantemente en una minoría de personas de todo el mundo. Fíjate en la juventud de las personas más ricas del mundo de la lista de Forbes. ¡Incluye a cincuenta multimillonarios que no llegan a los cincuenta años! Personas de todo el mundo se están convirtiendo en millonarios y multimillonarios más rápido y a una edad más joven que nunca.

Lee las historias de los creadores de Google, Facebook y You Tube. Groupon atravesó la valoración de mil millones de dólares en menos de dieciocho meses. Si el sueño americano murió o fue robado, evidentemente, estas personas no recibieron el memorando. Mira las innovaciones radicales que otros soñadores han creado en las últimas décadas en los campos de la tecnología, el entretenimiento, la comunicación, la ecología, la salud y el *fitness*.

Sin embargo, para muchos el sueño americano ha sido cooptado, corroído y corrompido por promesas falsas de seguridad y estabilidad. Es mi convicción de que este magnífico sueño de libertad sólo puede ser restaurado y redimido por cada persona a la vez- mientras cada individuo despierta el extraordinario poder de la responsabilidad personal, la libertad y la elección.

Desde que logré mi éxito en los negocios, me he enfrentado a la comodidad. Mucho después de haber logrado el éxito financiero y cumplido muchos de mis sueños, me puse inquieto y ansioso por un nuevo desafío. Descubrí una oportunidad que me entusiasmaba, y me encontré dudando. Al darme cuenta de que mi vacilación provenía de una sensación de comodidad, empaqué una maleta y me trasladé a miles de kilómetros de mi familia y hermosa casa en Montana. Alquilé un coche chico (e incómodo) y me mudé a un departamento diminuto con mi hijo de veinticinco años, Robert, que sería mi aprendiz en esta aventura. Deshacerme de mi comodidad requirió salir de mi zona de comodidad.

Quizá mis acciones en esta instancia parezcan extremas. Sin embargo, piensa en cómo se entrenan los atletas y los soldados. Se los saca de su entorno familiar, se les pide que vivan en cuartos espartanos, y son sometidos a un estricto régimen y una disciplina intensa.

Incluso las empresas envían a sus empleados a recibir un entrenamiento intensivo. Aunque la comida y la ropa de cama pueden ser considerablemente mejores que en el campo de entrenamiento, las empresas suelen insistir en una política de "sin familia" para lograr concentración y enfoque. La separación de las comodidades del hogar, la familia y los amigos juegan un papel esencial en estos campos de entrenamiento, igual que en otras experiencias iniciáticas, como ir a la universidad. Separarse del propio entorno familiar crea una apertura para el aprendizaje, el crecimiento y la transformación personal.

Ninguno de nosotros quiere dejar ir nuestras comodidades y el entorno familiar, pero estoy muy contento de haber hecho lo que tenía que hacer para destruir mi zona de confort. En estos últimos años, he disfrutado de un nivel sin precedentes de éxito en los negocios y satisfacción. He empezado a ver a otros aplicando mis métodos con tecnologías y técnicas que antes no estaban disponibles . Y ver a mi hijo convertirse en un líder empresarial extraordinario por derecho propio ha sido uno de mis grandes placeres .

Al igual que en los primeros días después de mi accidente, me di cuenta de que el malestar enciende el deseo, te mantiene concentrado, y, más importante aún, abre tu mente. Como escribió Napoleón Hill: "una mente abierta es esencial para creer. Las mentes cerradas no inspiran fe, valentía, ni creencia." (p.37).

Preguntas para Diálogo, Reflexión y Acción:

1. ¿En qué parte de tu vida el miedo al fracaso y el miedo a la pérdida sirven para preservar el status quo?
2. ¿Cuál es la reputación que tratas de mantener —y con quién?
3. Cuando el ego te domina, ¿qué eres más propenso a experimentar: exceso de confianza o falta de confianza?
4. ¿Cuáles son las dudas que más quieres cambiar?
5. ¿Cómo podrías romper tu propia comodidad y salir de tu zona de confort?

TERCERA PARTE:

RENUEVA TU SUEÑO

CAPÍTULO OCHO:
¿Tienes Mapas?

Si no sabes a dónde vas,
cualquier camino te llevará allá.

*¿**D**ónde quieres ir realmente?* A esta altura te das cuenta de que yo sigo la premisa de Napoleón Hill que dice que el camino al éxito comienza con un propósito definido y un ardiente deseo de cumplir ese propósito. Luego, cuando has decidido tu destino, necesitas un plan para llegar allí. "Al crear planes definidos," escribió Hill: "sin duda le habrás dado una forma concreta al deseo intangible" (p. 91).

PLANES PARA CONSTRUIR TU SUEÑO Y TU FE

Los Planes le proporcionan un ingrediente fundamental a la fórmula para el éxito. Recuerda la idea principal de Hill de *Piense y Hágase Rico*: "Cualquier cosa que la mente del hombre pueda concebir y creer, puede lograr." (p.249) Los planes construyen un puente desde concebir a creer. Cuando se concibe una idea, a menudo es abstracta. Alguien dice, "Quiero construir el edificio más alto del mundo." Eso puede parecer claro. Luego alguien pregunta, "¿Exactamente cuán alto sería?" Entonces los arquitectos crean planos y construyen modelos para darles una forma tangible a sus ideas. Como dice Max, mi coautor, en su taller *Imaginuity* (creando con tu imaginación), "los planes proporcionan una forma esencial, de transición, en el proceso creativo.

"Toda forma de arte en colaboración comienza con algún tipo de modelo. Las películas empiezan con un libreto. Los compositores crean una partitura, que es un modelo de la música que tocará la orquesta. Los emprendedores crean un plan de negocios para darle forma a la empresa que pretenden crear. Cuando ves un modelo, es mucho más fácil creer que se puede lograr el producto final."

Al darle una forma sólida a tu visión aumentas tu fe y ayudas a que otros también crean en el sueño. Esta experiencia de aumentar la fe mediante la creación de un plan claro o modelo me recuerda a una enseñanza de Jesús en Mateo 18:19 (KJV): "Otra vez os digo que, si dos de vosotros se pusieren de acuerdo en la tierra acerca de cualquier cosa que pidan, les será hecha por mi Padre que está en los cielos."

Un plan o modelo se convierte en una piedra de toque que permite a las personas ponerse de acuerdo sobre una visión específica con la claridad y el poder para hacer que las cosas sucedan. Mi amigo Bob Cline publicó hace poco una foto mía tomada en 2001. Yo estaba sentado en mi oficina delante de un mapa mental que habíamos creado de nuestro nuevo negocio de capacitación, UnlimitedProfits. Com . (Un mapa mental es una visualización de una recopilación de ideas relacionadas.) Aumentamos el tamaño de la imagen para ver el mapa mental. Sorprendentemente, casi todas las ideas que pusimos ya han encajado, una década después de su creación .

LOS MAPAS PROPORCIONAN UNA GUÍA

Los mapas son una clase especial de plan. Por lo general, nos dicen que alguien ha ido antes que nosotros (alguien trazó el mapa basado en sus viajes) . Metafóricamente hablando, los mapas de otros nos guían para nuestras aventuras en varias formas.

Primero, nos pueden dar los pasos que necesitamos seguir para llegar a un destino específico. Cuando alguien me pide que sea su mentor en los negocios, le doy un plan de acción paso a paso que ha demostrado ser eficaz para que muchos otros alcanzaran sus metas financieras. Todos los que ofrecen una oportunidad de negocio legítima, también ofrecen algún tipo de plan para construir una empresa exitosa. En el próximo capítulo, te daré sugerencias sobre la forma de evaluar los méritos de estas oportunidades y encontrar la que mejor se ajuste a tus necesidades.

Una segunda forma en que los mapas de otras personas proporcionan una guía se refiere al *viaje interior* que hace falta para lograr los deseos de nuestro corazón. Estos mapas nos preparan para el tipo de desafíos y los riesgos a los que nos enfrentaremos. Nos advierten que encontraremos montañas y valles a lo largo del camino. Nos alientan a pensar en lo que el viaje va a exigir de nosotros. Jesús dijo: "Porque ¿quién de vosotros, queriendo edificar una torre, no se sienta primero y calcula los gastos, si tiene lo que necesita para acabarla." (Lucas 14:28).

Estas advertencias no tienen la intención de disuadirnos de hacer el viaje, sino de prepararnos y animarnos a aguantar cuando nos enfrentamos a las dificultades inevitables. Nos avisan que vamos a necesitar crecer y desarrollarnos a lo largo del camino. Un entrevistador le preguntó al multimillonario empresario Richard Branson qué lo había convertido en un gran éxito . Él identificó el factor clave como "tomar buenas decisiones." Cuando le preguntó cómo llegó a tomar esas buenas decisiones, Branson respondió con una sola palabra: Experiencia. Presionado para describir cómo se gana esa experiencia, Branson sonrió y dijo: "Tomando malas decisiones."

Los mapas de otras personas también nos dan la perspectiva a partir de su experiencia. "Este es el lugar más estrecho para cruzar este río." "Esta costa ofrece la mejor pesca." "Aquí encontrarás un camino a la cima." Gran parte de lo que he compartido contigo hasta ahora entra en esta categoría. Las características fundamentales de mi guía básica para el éxito incluyen mi consejo para concentrarte en la clasificación en lugar de persuadir y de enfocar tu energía en servir y educar a otros.

EL SECRETO DE LA MULTIPLICACIÓN ENTRENAR A ORIENTADORES

Otro elemento esencial de mi mapa al éxito contiene un secreto fundamental para la duplicación y el crecimiento rápido de tu negocio. Lo llamo "Señala, guía y dirige." La gente que asiste a mi programa de capacitación en negocios a menudo tiene muchas preguntas. En la medida de lo posible, no las respondo. En cambio, les señalo sitios web específicos, videos en línea, grabaciones y webinarios en vivo donde se responden esas preguntas. Al guiarlos con un enlace, en vez de hacer una presentación una y otra vez, ya los estoy entrenando sobre cómo construir su propio negocio de manera eficiente y divertida.

Sin tener que dar presentaciones, la curva de aprendizaje de un nuevo aprendiz disminuye enormemente. Mis aprendices que experimentan el crecimiento más rápido de sus negocios son los que dominan este proceso. A través de mi ejemplo, aprenden a:

- Escuchar a cada persona activa, empáticamente y a fondo.
- Guiar al individuo a los recursos que mejor abordan sus preguntas o preocupaciones.
- Dirigir los que expresan interés a través del proceso de puesta en marcha.

Es increíblemente sencillo. En cierto modo estoy entrenándolos para ser guías turísticos utilizando el mapa que les he dado. El trabajo de un guía turístico es señalar, guiar y dirigir a la gente a las cosas que quieren experimentar. Como un guía turístico, nuestro trabajo consiste simplemente en guiar a las personas hacia sus metas, señalando los recursos y las oportunidades que pueden contribuir a lograrlas.

Siguiendo este proceso simple y absteniéndose de tratar de responder a las preocupaciones de la persona con explicaciones personalizadas, estos aprendices pueden centrarse en las actividades que realmente construyen sus negocios. La gente trata de hacerlo más complicado, pero lo único que estamos haciendo es construir una base de clientes satisfechos a través de un proceso de educación simple que puede ser fácilmente duplicado por cualquier persona.

Algo muy sutil pero poderoso está actuando. A través de los años, millones de personas han conocido oportunidades de negocios por medio de amigos, colegas y familiares. Generalmente, la persona que los presenta tiene poca experiencia y no tiene resultados. Si una empresa se basa en personas que no tienen historial de éxito para hacer su presentación inicial (como sucede a menudo) se está buscando problemas.

La primera pregunta en la mente de las personas cuando escuchan una idea nueva es una de credibilidad: "¿Por qué debería escucharte?" Entreno a mis aprendices para contestar con sinceridad y humildad: "No deberías escucharme a mí. Pero conozco a un tipo que ha tenido un tremendo éxito en los negocios, y está todo documentado. Él creó este mapa para el éxito. Si te interesa, escúchalo a él."

A la gente le gusta aprender de alguien con un historial probado. ¿Por qué no seguir a un orientador que ya ha hecho el viaje, conoce el territorio, y ha creado el mapa?

ENCUENTRA TU PASIÓN

Una de mis mayores satisfacciones es ver cómo mis aprendices ganan confianza y fe al seguir mi guía y producir resultados exitosos. Me fascina ver cómo, cuando aumenta su confianza, los sueños de una persona también parecen crecer. A menudo, un nuevo aprendiz me dice que quiere construir un negocio para agregar un poco a su fondo de jubilación o empezar a ahorrar para la educación de un niño. Luego, con una medida de éxito, estas modestas ambiciones crecen.

A medida que crecen los sueños de una persona, su pasión por la vida también parece florecer. A menudo me pregunto si la mayoría de la gente entierra sus sueños porque no sabe cómo alcanzarlos o no cree que se puedan cumplir.

Los planes responden a la pregunta "¿Cómo?" Mi mapa hacia el éxito dice, "Así es como llegas a donde quieres ir."

Tu objetivo, propósito, sueño o destino responde la pregunta, "¿Qué?" Siempre estoy alentando a mis aprendices a que aclaren sus metas: "¿Cómo será, cómo se sentirá, cómo olerá tener la vida de tus sueños?" Y, para seguir con esta metáfora, "¿A dónde quieres llegar?"

Finalmente, los deseos de una persona responden la poderosa pregunta, "¿Por qué?" Muy a menudo, encontrarás tus más profundos deseos y motivaciones en los rostros de tus seres queridos. Algunos encuentran su "por qué" en una causa, misión, o llamado. Otros disfrutan de la pasión por un hobby, deporte o habilidad. Lo más importante es que sea tu "¿Por qué?" y te ilumine.

Si has tenido problemas para encontrar tu pasión, a veces ayuda establecer un objetivo simple y entrar en acción. Alguien dijo, "No se puede conducir un auto estacionado." Tal vez tus sueños no se han ido, sólo están ocultos a tu vista. En los próximos tres capítulos, analizaremos cómo puedes encontrar:

- una oportunidad que te entusiasme.
- un mentor que te inspire y te desafíe.
- una comunidad de personas de ideas afines que te apoye y te aliente a alcanzar tus sueños.

Estas tres fuentes de poder transformarán tus miedos en fe. Como dijo otra persona, "no se puede pensar el camino a una nueva forma de actuar, pero sí actuar en el camino a una nueva forma de pensar".

El sendero ha sido marcado. El camino está libre. Los mapas han sido trazados. El guía turístico está listo para mostrarte el camino.

Tus compañeros de viaje están ansiosos por compartir el viaje contigo. Ahora es tu decisión dar esos primeros pequeños pasos.

Preguntas para Diálogo, Reflexión y Acción:

1. Al mirar en retrospectiva tus éxitos pasados, ¿qué papel jugó la planificación en la realización de tus metas?

2. Dejando a un lado la pregunta "¿Cómo?" ¿puedes definir claramente el "qué" de tus sueños personales y tu visión para el futuro?

3. Si no sabes cuál es tu "¿Qué?", pero sabes tu "¿Por qué?" (tus motivadores importantes, como tu amor por tu cónyuge, hijos y otros), puedes verte siguiendo el plan de alguna otra persona para lograr la independencia financiera?

CAPÍTULO NUEVE

El Vehículo Adecuado para Ti

"Puedes conseguir lo que quieras en la vida ayudando a otras personas a obtener lo que quieren y necesitan".
—Zig Ziglar

La mayoría de las personas se dedica a los negocios buscando un mejor estilo de vida. Algunos tratan de escapar de la competitividad corporativa despiadada y tener una mayor libertad y control sobre sus vidas. Algunos buscan gratificaciones que parecen inalcanzables trabajando para otra persona. Aunque las empresas a veces expresan un talento o pasión personal, la mayoría de los dueños de negocios ven a un negocio como un medio para un fin, como vehículos para llegar a sus metas de estilo de vida.

Mi propósito en este capítulo es equiparte para evaluar eficazmente las oportunidades de negocio y elegir un vehículo adecuado para acelerarte en el camino a tu estilo de vida ideal.

CONSTRUIR UNA BASE DE CLIENTES SATISFECHOS.

Aunque el incentivo para iniciar un negocio puede ser prosperar a un mejor estilo de vida, el éxito en los negocios proviene de la satisfacción de las necesidades de los demás (clientes) como afirma Zig Ziglar. Recuerda que el anillo de bronce para cualquier negocio implica la construcción de una base de clientes satisfechos. El mayor activo que cualquier empresa puede tener en esta red social del mercado mundial - la clave para la generación de ingresos residuales es un ejército de clientes satisfechos y entusiastas. Una empresa prospera a largo plazo fomentando la pasión por servir y deleitar a sus clientes. Así es como —para tantos dueños de empresas— la iniciativa empresarial se convierte casi en un camino espiritual. Desde hace algún tiempo, mi atención en el negocio se ha centrado en cómo puedo ayudar a otros a alcanzar sus metas personales y financieras. Paradójicamente, cuanto más mejoro en servir a los demás, más próspero soy en mi negocio.

Para que un negocio prospere, debe obtener ganancias. Así que para un empresario, hay una verdadera oportunidad si las necesidades y deseos de las personas pueden satisfacerse a un precio aceptable para los clientes, y con una ganancia para la empresa. Para alcanzar gran tamaño, una empresa debe satisfacer las necesidades de una gran cantidad de clientes, por lo que prácticamente todos los gigantes industriales distribuyen los productos y servicios que la gente consume todos los días (como gasolina, bebidas, alimentos, cosméticos y entretenimiento.) Incluso los artículos caros como automóviles, computadoras, educación y atención de la salud califican como consumibles, ya que con el tiempo regresamos por más.

¿QUÉ ES?

Cuando comenzamos a evaluar los méritos de una oportunidad específica, por lo general preguntamos: "¿Qué es?" Estamos tratando de ubicar esta oportunidad dentro de nuestra comprensión de los negocios y el mercado:
- ¿Cuál es el producto?
- ¿Quién lo compra?
- ¿Qué necesidad satisface?
- ¿De qué tamaño podría ser el mercado para esta clase de producto?

También preguntamos sobre la compañía:

- ¿Qué la distingue en el mercado?
- ¿Qué innovaciones únicas ofrece?
- ¿Tiene ventajas competitivas como patentes, conocimientos técnicos, o ingredientes exclusivos?

El reto en la evaluación de muchas empresas surge a partir del factor que a menudo define la oportunidad: *el tiempo*. El mercado está fluyendo constantemente. Las empresas lanzan nuevos productos y servicios todo el tiempo. El mercado responde rápidamente a algunos y lentamente a otros. La facilidad o dificultad de construir un negocio en un mercado en particular depende de cómo respondan los clientes a la nueva idea.

Una empresa de venta de máquinas de fax puede no haber sido muy rentable en los primeros años. Inicialmente, la industria de las máquinas de fax tuvo una curva larga de crecimiento lento. Otros productos pegaron rápido y luego desaparecieron, como las cintas de ocho pistas y casetes de audio. Con dispositivos de audio digital como el iPod de Apple, pronto podremos decirles adiós a los CD de audio.

¿TIENE SENTIDO?

Cuando uno se entera de un nuevo producto o industria, se pregunta: "¿Esto tiene sentido?" Pero hay que cuestionar el propio juicio, ya que pocos de nosotros podemos detectar una tendencia de mercado importante en sus primeras etapas. Como la mayoría de nosotros, probablemente perdiste muchos negocios y oportunidades de inversión, ya que no los entendiste lo suficientemente temprano como para aprovecharlos.

Alguien dijo que todas las tendencias sociales pasan por tres etapas. Primero, se las ridiculiza. ¿Recuerdas esos enormes teléfonos celulares?

¿Y qué me dices del agua embotellada?

Luego, una tendencia encuentra resistencia y oposición. Cuando las computadoras personales comenzaron a aparecer en las oficinas, muchos insistían en que nunca tendrían una ni aprenderían a usarla.

Finalmente, la tendencia alcanza un "punto de inflexión" y se hace evidente. La mayoría de nosotros reconoce el nuevo mercado en ese momento y pregunta: "¿Por qué no pensé en eso?"

Las tendencias son fáciles de reconocer en retrospectiva, pero en ese momento la oportunidad de sacar provecho de ellas ha pasado. Lo ideal sería que entraras a un negocio justo antes de la "ola de tendencia", donde se produce el crecimiento más rápido.

Pero la mayoria de nosotros no sabemos como identificar las senales de cambio hasta que ya son parte de nuestra realidad cotidiana. Para ilustrar esto, a menudo pregunto: "¿De qué color es una señal de dar paso?" Anota tu respuesta al margen. ¿Escribiste "amarilla"? Haz una búsqueda en línea y descubrirás que no son amarillas desde 1971.

Como consumidores, no debemos avergonzarnos de ser parte de la multitud que reconoce una tendencia después de que se hace evidente. Pero como un hombre de negocios, es importante evaluar las oportunidades de mercado con imparcialidad objetiva.

Cuando la mayoría de las personas evalúa una oportunidad, piensa como consumidor. Se concentran en un producto y juzgan la oportunidad de negocio pensando si ellos comprarían el producto. Hay muchas buenas razones para utilizar tus propios productos cuando estás en un negocio. Con frecuencia aliento a los empresarios a convertirse en "un producto de su producto." Sin embargo, al evaluar una oportunidad de mercado, la pregunta que debemos hacernos sobre el producto no es "¿Compraría esto?" sino "¿Los clientes están comprando esto varias veces?"

Si entiendes el patrón de las tendencias, te das cuenta de que un pequeño porcentaje de nosotros somos primeros compradores así que no te dejes engañar por el tamaño actual del mercado. Si un nuevo producto tiene clientes entusiastas y el producto responde a una necesidad que se ha generalizado, el mercado probablemente crecerá. Sólo aquellos que se dedican al mercado en esta etapa tienen la oportunidad de agarrar el anillo de bronce: una gran base de clientes satisfechos.

PRIORIDAD: ¿POR QUÉ DEBERÍA ESCUCHARTE?

Al evaluar una oportunidad de negocio, parece natural empezar a analizar sus productos y mercados. Aunque estos pueden ser los temas de nuestras preguntas iniciales, no son nuestras únicas preocupaciones, ni siquiera las principales. En el capítulo anterior mencioné que la primera pregunta en nuestras mentes (aunque por lo general no se expresan) al evaluar una oportunidad es: "¿Por qué debería escucharte?"

Queremos saber si la oportunidad y la persona que la presenta son creíbles. Es fácil construir un sitio web y presentarse como un experto. Muchos declaran ser expertos antes de que sus declaraciones puedan ser respaldadas por su cheque de pago. Pueden impresionarte con toda clase de discursos sofisticados y presentaciones, pero como siempre he enseñado, "¡la documentación vence a la conversación!"

Cuando mi mentor original, el sr. Gouldd, metió la mano en el bolsillo y me mostró su cheque de pago del mes anterior aún con el talón, supe que era bueno. Yo publico mis resultados en un sitio web para que cualquiera pueda evaluarlos. Muchos de los llamados expertos en oportunidades te dirá que es ilegal mostrar las ganancias reales. Mienten. Es ilegal en la mayoría de los estados predecir lo que otros pueden ganar o ganarán con un plan de negocios en particular. Pero cualquiera puede (y debería) documentar sus propios resultados.

La documentación es esencial en la evaluación de todos los aspectos de un negocio, en especial la empresa que ofrece la oportunidad. Usted puede tener un gran producto consumible que tiene buen precio para los consumidores y un beneficio. Puede tener un futuro promisorio en el mercado. Pero eso no es suficiente para garantizar el éxito.

Cuando se cumplen estos criterios fundamentales, el crecimiento de una empresa individual depende en gran medida de dos factores: la ejecución y el apalancamiento.

LO ESENCIAL DE LA EJECUCIÓN

Ejecución se refiere a la eficiencia y eficacia de la operación:
- ¿Están bien organizados y son confiables?
- ¿Usan lo último en tecnología?
- ¿Tienen finanzas sanas?
- ¿Operan con integridad?
- ¿Se enfocan en las cosas que más importan a los clientes y a la empresa?
- ¿Dedican energía y recursos a lo que dicen que es importante?
- ¿Aprenden de sus clientes, sus empleados y sus otras partes interesadas?
- ¿Aprenden de sus errores y de sus éxitos?

Al evaluar la empresa y la dirección detrás de una oportunidad, la pregunta crítica que hay que hacer es: "¿La compañía sobrevivirá a su producto estrella en el mercado?" A menudo, una compañía deja su huella inicial mediante la introducción de un producto que es nuevo en el mercado. Luego, si los líderes de la empresa prestan atención a las tendencias del mercado, introducen otros productos y acceden a nuevos mercados .

Apple Computers , Inc. lanzó la primera computadora personal fácil de usar, la Apple II, en 1977. Después, en 1984, redefinieron las computadoras personales con el éxito fenomenal de la "Mac". Después de dos décadas en la industria informática, quitaron "Computadoras" de su nombre corporativo y cambiaron de marca a compañía de productos de consumo. Presentaron el iPod en 2001, el iPhone en 2007, y el iPad en 2009. Estos tres productos, junto con la tienda de iTunes, ahora generan la mayor parte de los ingresos de la compañía.

EL PODER DEL APALANCAMIENTO

Apalancamiento es lo que lleva al crecimiento de la empresa desde un aumento lineal (añadiendo clientes gradualmente) a una expansión exponencial (multiplicando la base de clientes).

Un tipo de apalancamiento —el ingreso residual— implica que te paguen en varias ocasiones por tus esfuerzos anteriores. Se pagan regalías por invenciones, libros, canciones y todo tipo de productos creativos. Las personas también pueden crear ingresos residuales vendiendo un producto de consumo de valor, cuidando a sus clientes, y agregando nuevos clientes todos los días.

Uno de mis aprendices comenzó a vender localizadores en una tienda pequeña en una concurrida calle en su ciudad (en la época en que eran populares). Vendía el servicio a $8.96 por mes y obtenía dos dólares de ganancia por cada localizador por mes. En el auge del uso del localizador, había adquirido más de 5.000 clientes satisfechos. ¡En 1993, más de 10.000 dólares al mes en ingresos residuales le proporcionaban un gran estilo de vida!

Otro tipo de apalancamiento implica capitalizar los esfuerzos y recursos de los demás. El poder del capitalismo puede encontrarse en el hecho de que todo lo que necesita un empresario para expandir una empresa puede obtenerse por un precio. Al ofrecer incentivos y recompensas, una empresa puede atraer el talento, los recursos, las ideas y las asociaciones estratégicas que pueden conducir a un crecimiento dramático. El principio de servir se aplica a estos grupos de interés, tanto como a tus clientes.

El axioma de Zig Ziglar se aplica a todas las relaciones: Tienes que dar para recibir. Para que cualquier sociedad prospere, tiene que haber un intercambio de valor mutuamente beneficioso. Así que en mi negocio, a pesar de que fácilmente podría sentarme y descansar, estoy constantemente tratando de encontrar nuevas y mejores formas de apoyar y servir a mis aprendices, asociados de negocios y clientes. Como resultado, ahora percibo ingresos residuales de los esfuerzos de más de un millón de personas. A eso le llamo apalancamiento.

¿FUNCIONA?

Una vez que hayas satisfecho tus inquietudes sobre la credibilidad y el liderazgo detrás de una oportunidad, y estás comprometido con sus productos y servicios y los mercados a los que pretenden servir, te encontrarás frente a otra serie de cuestiones relacionadas con la pregunta general: "¿Funciona?"

Aquí empiezas a evaluar tus probabilidades de éxito con esta oportunidad en particular. Los tres componentes esenciales de esta evaluación son:

1) El programa de compensaciones.
2) El sistema de construcción del negocio y las herramientas.
3) La capacitación y el apoyo disponibles para ti.

Toda franquicia, empresa de redes, equipo de venta directa, y programa de afiliados ofrece un plan de compensación. Todas las oportunidades quieren recompensar a aquellos que producen resultados. Hay una gran variedad de planes de compensación. Si bien todos tienen ventajas y desventajas, el éxito se mide por los resultados. Aquí es donde el concepto de apalancamiento es esencial. ¿Cuál es la oportunidad de ganar ingreso residual? ¿Puedes sacar provecho de ambos tipos de apalancamiento (la repetición y la duplicación de esfuerzos)?

Conoce a personas con varios niveles de logro con la oportunidad y pregúntales acerca de su experiencia. También pide examinar la documentación. Si te parece que te están ofreciendo una propuesta de "algo por nada", pasa a otra oportunidad. Pero si la gente está produciendo el tipo de resultados y gana la cantidad de ingreso residual que pudiera satisfacer tus deseos, sigue con tu evaluación.

Luego, analiza el sistema de construcción del negocio. ¿Cómo atraen, sirven y conservan a los clientes? ¿Qué tipo de tecnología se usa, y cuánto cuesta utilizarla? ¿Alguno de los sistemas es automático? Un buen sistema de negocio te ayuda a enfocar tus recursos y energías en las actividades más productivas.

En mi sistema de negocio, enseño que hay tres actividades productivas. Primero tenemos que despertar el interés de los clientes potenciales y futuros socios. Lo hacemos mediante publicidad, mercadeo en línea y contacto personal. En segundo lugar, señalamos a los que están interesados dónde pueden obtener respuestas a sus preguntas y empezar. En tercer lugar, promovemos eventos, recursos, ideas y herramientas que pueden ayudar a nuestros clientes y socios a lograr sus resultados deseados.

En mis programas, ofrezco sistemas automatizados que agilizan todas estas actividades esenciales de desarrollo del negocio. Hoy, el Internet hace mucho más eficiente el mercadeo. En lo que a veces llamamos mercadeo de la vieja escuela, solíamos reunirnos con prospectos en un hotel para una presentación, y el proceso que una nueva persona se iniciara en el negocio podía tomar una semana o más. Ahora una persona puede ver una presentación en línea, obtener respuesta a sus preguntas, prepararse, y tener a sus propios prospectos llamando y pidiendo más información en sólo unas horas.

El componente final de la respuesta a tu pregunta "¿Funciona?" tiene que ver con la capacitación. Cada sistema de negocio requiere un poco de educación y práctica.   Quieres saber qué tipo de capacitación ofrece este negocio para que puedas aprender las habilidades necesarias para tener éxito.

Cualquier programa digno de tu tiempo y energía te permitirá participar en un entrenamiento básico antes de comprometerte a participar.   Esto te permite entender exactamente cuáles son las acciones, habilidades y recursos que hacen falta para alcanzar el éxito.   Una de las mejores cosas del entrenamiento en una buena empresa de marketing es que también te ayudará a tener éxito en otros negocios.

¿FUNCIONARÁ PARA MÍ?

Una vez que te hayas cerciorado de que la oportunidad es viable, pregúntate: "¿Puedo hacerlo?" Ojalá pudiera responder esta pregunta por ti porque realmente creo que puedes. La gente puede aprender casi cualquier cosa si tiene el deseo e invierte el tiempo y la energía necesarios.

El tremendo poder de un programa de mercadeo de producir ingresos residuales se debe a la duplicación de un sistema que permite a las personas tener éxito sin necesidad de conocimientos especiales, habilidades o experiencia previa. La clave de la duplicación está en aplicar fielmente el sistema. Vale la pena repetir que la gente no se duplica-los sistemas se duplican. Los criterios para un gran sistema se reducen a la facilidad de duplicación.

Esto se determina simplemente si la gente común (los que no tienen habilidades especiales, talentos y habilidades) en realidad siguen el sistema.

Esto es fundamental. He visto empresas que tienen grandes productos que satisfacen una necesidad, pero por alguna razón la gente promedio no sigue el sistema. Puesto que los sistemas de estas empresas no pueden duplicarse fácilmente, estas empresas fracasan. Así que cuando preguntas, "¿Puedo hacerlo?" realmente estás preguntando: "¿Puedo aprender a seguir este sistema y enseñar a otros a hacer lo mismo?"

Basándome en veinticinco años de experiencia, puedo decirte que si realmente te lanzas a cualquier oportunidad de negocio bien diseñada, y te permites ser entrenado por alguien con un historial comprobado - es probable que tengas un éxito mayor que el que has soñado.

La mayoría de los líderes en mi industria comenzaron a tiempo parcial, con la intención de generar algo más de dinero hasta que pudieran encontrar algo real que hacer para ganarse la vida. El punto de inflexión en el que la mayoría de nosotros supimos que habíamos encontrado una verdadera vocación fue comprobar que los líderes de nuestra industria tienen la oportunidad todos los días de hacer una gran diferencia en las vidas de otras personas. Así que la industria del marketing está llena de personas ansiosas y dispuestas a ayudarte a tener éxito. Nuestro éxito depende de ayudar a los demás a tener éxito.

Por último, la pregunta más importante —más que la de "¿Puedo hacerlo?" — es: "¿Lo haré?" Encontrarás la respuesta en tu propio corazón y tu mente, y solamente allí. ¿Deseas una vida mejor? ¡Ese deseo es lo suficientemente fuerte como para arriesgarte a fracasar?

Llamamos *aventura* a un nuevo negocio porque implica un resultado incierto. La naturaleza misma del espíritu empresarial implica un riesgo. Generalmente, los emprendedores arriesgan capital (una inversión financiera) y algo llamado costo de oportunidad, que es la cantidad que pudo haberse ganado invirtiendo ese capital en algún otro vehículo.

Como vulgarmente se dice, "Quien no arriesga, no gana". No se obtiene algo a cambio de nada en una oportunidad legítima de negocio, así que tienes que preguntarte, "¿cuánto tengo para invertir en una aventura y cuánto estoy dispuesto a arriesgar?"

Una gran ventaja de asociarte con una asociación de marketing existente es la inversión mínima necesaria para empezar. Yo estaba totalmente en bancarrota cuando empecé veinticinco años atrás. Lo que me faltaba en capital financiero, lo compensé con sudor. A menudo me preguntan cómo logré lo que tengo en negocios. Frecuentemente respondo, "Realmente no quieres saberlo; te espantaría." Cometí muchos errores y desperdicié mucho tiempo y energía. (No siempre seguí lo que me enseñaban). Pero estaba dispuesto a dar lo que fuera para tener éxito. Al principio, invertí prácticamente todas las horas del día en mi negocio para lograr mi éxito temprano.

Hay otra forma de capital conocida como buena voluntad. La reputación, la confianza y compatibilidad que has construido y las esferas de influencia que has desarrollado a lo largo de los años, pueden rendir dividendos enormes en este tipo de negocio si aprendes a despertar el interés de las personas sin ahuyentarlas. Esto puede ser una rica fuente de referidos y apoyo colaborativo. Casi todos los riesgos de esta clase de capital surgen de actuar sin entrenamiento ni apoyo.

Después de evaluar el potencial de una oportunidad y los riesgos que trae aparejada, te enfrentas a una elección: Das un salto de fe —o abandonas tus sueños y decides conformarte con la vida que tienes.

En última instancia, toda historia de éxito se reduce a una sencilla fórmula de dos pasos: Alguien encontró una idea que lo inspiró. Luego trabajó duramente para que se realizara. ¡Ahí está! Ese es todo el secreto en pocas palabras: *la inspiración y la acción comprometida.*

¿Estarías dispuesto a trabajar tan duramente para ti como trabajaste para otra persona? ¡Si lo estás, puedes hacerlo! ¡Créeme, absolutamente vale la pena tu esfuerzo!

Preguntas para Diálogo, Reflexión y Acción:

1. ¿Cuáles son los criterios más importantes para ti al evaluar una oportunidad?

2. ¿Cuáles consideras que son las oportunidades en el mercado masivo hoy en día? ¿Cuáles son las áreas crecientes de necesidad y deseo que un negocio podría satisfacer?

3. ¿Qué tipos de capital estás dispuesto a aventurar para alcanzar el estilo de vida de tus sueños?

CAPÍTULO DIEZ:

Ayuda en Tu Camino

*"No hay mayor alegría que la de ayudar
a otra persona a tener éxito."*
—Robert Hollis

Muchas de las personas que me han buscado como mentor ya tienen experiencia en negocios. Algunos han tenido empresas exitosas y quieren descubrir cómo llevar su logro al siguiente nivel. Otros han tratado de desarrollar negocios y fracasaron. En ambos casos, algo falta y la persona no está consciente de ese elemento faltante. Si no fuera así, ya habría logrado su tan deseado éxito. Esto puede parecer obvio, pero no puede ser exagerado.

Las personas a menudo dicen que quieren un gran avance en los resultados, luego argumentan por qué deben seguir actuando y pensando de la manera en que siempre lo hacen. "Para que las cosas cambien", se dice, "tienes que cambiar."

Esto se refiere especialmente a nuestra forma de pensar y creencias. Recuerda que "locura es hacer la misma cosa una y otra vez y esperar un resultado diferente". El único camino a seguir cuando te has topado con una pared, es humillarte y abrir tu mente a nuevos enfoques. Mi colega y querido amigo Fred Herzog dice: "Lo más costoso que se puede tener es una mente cerrada."

ENCUENTRA UN BUEN MENTOR Y AHÓRRATE TIEMPO Y PROBLEMAS

Como mencioné en el capítulo acerca de aprender del fracaso, podrías aprender por tu cuenta, por prueba y error, lo que necesitas para tener éxito. Pero un buen mentor te puede ayudar a reducir drásticamente tu curva de aprendizaje.

El primer requisito de un mentor o coach consiste en un historial bien documentado de éxito. Quieres aprender de alguien que haya enfrentado a los desafíos que enfrentas y haya alcanzado objetivos comparables o superiores a los tuyos. Pero la verdadera prueba de un mentor va más allá de los resultados personales. También debes considerar los resultados de sus aprendices. Producir resultados y guiar a otros para obtener resultados son dos habilidades distintas. Un buen mentor tendrá éxitos documentados tanto en sus metas personales como en los logros de sus aprendices.

Ten en cuenta que algunos en la industria del mercadeo son como ciegos guiando a otros ciegos. No se han tomado el tiempo para aprender de un experto y dominar el proceso. Pueden sonar impresionantes y pueden ser efectivos en "suscribir" a nuevos asociados, pero si éstos no están obteniendo resultados, no son más que una cortina de humo .

Un elemento esencial de mi enfoque de tutoría es lo que llamo, "Haz que obtengan resultados." La experiencia me ha enseñado que un nuevo asociado tiene alrededor de sesenta días para ver resultados concretos antes de desanimarse y renunciar. Así que mi trabajo es asegurarme de que él o ella vea esos resultados antes de darle la bienvenida a un nuevo socio. Igual de importante, me aseguro de que mis asociados entiendan y dupliquen este compromiso vital. De ahí resulta que mi organización tiene una retención extraordinariamente alta.

Los mentores de negocios efectivos han desarrollado o aprendido un sistema de desarrollo de negocio detallado. Cada sistema o enfoque para desarrollar un negocio requiere un cierto nivel de habilidad. Cuanto más capaz se es en las habilidades requeridas, más eficazmente se pueden producir resultados. Para alcanzar un nivel superior de resultados, algunos sistemas exigen un extraordinario nivel de habilidad.

Yo prefiero diseñar sistemas que puedan ser dominados por cualquiera que tenga el deseo y la voluntad de esforzarse. A lo largo de los años encontré maneras de usar tecnología para hacer el trabajo pesado que antes requería personas con habilidades avanzadas. La idea de hacer presentaciones ante grupos grandes aterroriza a la mayoría. Me tomó un año y medio antes de aventurarme a dar presentaciones, y cuando bajé del escenario después de mi primer intento fallido, estaba enfermo del estómago.   ¡Y lo único que hice fue presentar al siguiente orador!

Hoy en día, todas las presentaciones que informan y educan a la gente acerca de nuestro negocio las dan los líderes exitosos y se graban.   Gracias a la transmisión de banda ancha en Internet, estas presentaciones están a un clic de distancia.   Cualquiera puede "señalar, guiar y dirigir", de modo que el nivel de habilidad necesario para alcanzar el éxito con mis sistemas se ha reducido drásticamente.

Un buen sistema de desarrollo de negocio también permite una duplicación rápida del esfuerzo. Las habilidades necesarias no solo son relativamente fáciles de dominar, sino que los asociados pueden modelar comportamientos productivos y habilidades entre ellos.

APOYO PARA TU VIAJE INTERIOR

Debido a que el viaje esencial por el camino de la iniciativa empresarial es un viaje interior, un gran mentor fomentará el desarrollo personal del aprendiz y sus habilidades de trato con la gente— por lo menos tanto como las habilidades específicas del negocio. Siempre les aconsejo a mis estudiantes, "Trabaja más en ti mismo que en cualquier otra cosa y espera más de ti que de nadie más."

Mucho de lo que se puede aprender de un mentor viene a través de la observación, dado que el mentor es un modelo de comportamientos, lenguaje y formas de ser que son la esencia de su éxito. Observa y escucha cuando tu mentor interactúa con otras personas. Empieza a descubrir cuáles son los pensamientos y creencias que diferencian a la conciencia del éxito de la conciencia de fracaso. Al escuchar estas conversaciones, esfuérzate para ver si puedes ver lo que ve, escuchar lo que escucha y pensar lo que piensa.

Si realmente prestas atención, te sentirás totalmente fascinado (como yo) con la gente, y también verdaderamente inspirado. Con frecuencia les digo a mis asociados, "Cuando pienses y actúes como yo, tendrás la clase de resultados que tengo."

El desarrollo personal implica temas que pueden tocar ámbitos sensibles y vulnerables dentro de nosotros. A menudo, un mentor desafía las formas de pensar y creencias que el estudiante aprecia y que incluso considerara esenciales para su identidad. Las personas se atascan en trampas mentales comunes. Las llamamos puntos ciegos.

Conoces gente que actúa como si ya lo supiera todo. Se necesita un poco de delicadeza para hacer que le llegue una idea nueva. O trata de lograr que un complaciente compulsivo te dé su opinión o defina sus propias metas. Luego, están los que no se pueden concentrar en una tarea simple porque siempre están lidiando con distracciones. Y ¿cómo se llega al punto de partida con los que culpan a las circunstancias y a todos los demás porque su vida no funciona?

Se puede ver fácilmente estos patrones en los demás, pero enfrentarte a tus propios puntos ciegos puede ser muy perturbador. Por eso, debes elegir a un mentor en quien confíes. Quieres asegurarte de que quiere lo mejor para ti y que cree que puedes tener éxito.

Ayuda encontrar un mentor cuyo estilo y filosofía toca una fibra sensible en ti.   Mi mentor original, el Sr. Gouldd, tenía un estilo de confrontación. Podía sonar como un sargento señalando lo erróneo en la técnica o la forma de pensar de una persona.

Yo prefiero un enfoque más enriquecedor, y tiendo a buscar lo que falta en lugar de lo que está "mal" en alguien.   Muchos afirman ser buenos jueces de carácter. Me considero un animador y un entrenador, no un juez.   Recuerdo dónde estaba yo cuando empecé - un mecánico de automóviles lesionado y en bancarrota, que no tenía un traje y se sentía incómodo tratando con la gente.   Muchos no me habrían dado ni la hora, pero el Sr. Gouldd me trató respetuosamente.

Nuestras mentes juzgan precipitadamente a las personas. Pero me di cuenta que si aprendes a suspender tu juicio, puedes descubrir el oro en la gente—aunque a veces está oculto. Robert Schuller dijo una vez: "Cualquier tonto puede contar las semillas de una manzana, pero solo Dios puede contar las manzanas en una semilla." No te puedo contar cuántas veces las personas me sorprendieron totalmente. Los que parecían demostrar la mayor promesa, con frecuencia no invertían el esfuerzo necesario. Otros que al principio parecían poco promisorios se convirtieron en magníficos líderes de negocios.

Después de años de estas sorpresas, considero que mi apertura con la gente es una habilidad ganada con esfuerzo.   Si pude alcanzar tal éxito extraordinario desde donde yo empecé, no puedo dejar de ver la promesa en cada persona que conozco.   Los sueños de cada persona son preciosos, y creo que es un privilegio nutrirlos y alentarlos.

Como resultado, la gente es muy sincera conmigo.   Me dicen que superaron sus propios miedos porque vieron que yo creía que podían alcanzar sus sueños— aun cuando no tenían fe en ellos mismos.

Cuando una persona me dice que no tiene nada valioso para ofrecer —nada que invertir para desarrollar un negocio— le recuerdo que sí pueden ofrecer lo que, más que nada, me hizo exitoso- El viejo refrán puede ser cursi, pero es muy sabio: "A la gente no le importa cuánto sabes hasta que sabe cuánto te importa." Cualquiera puede ofrecer un corazón cariñoso, una mano amiga, un oído compasivo, y una palabra de aliento. Uno de mis nuevos mentores, Brendon Burchard, señala con perspicacia, "La gente siente más la influencia de los que admira y se interesa por ella".

Sigo asombrado y humillado por los seguidores fieles que he adquirido. Pero si fui una fuerte influencia en la vida de las personas porque creen que me intereso por ellas, con gusto acepto tal honor.

CUANDO EL ALUMNO ESTÁ LISTO

Si bien tengo un enfoque cariñoso, ningún mentor que valga la pena mimará a las personas como si fueran niñitos. Probablemente pienses que hice demasiado hincapié en el tema de la diferenciación, pero se aplica a todos los aspectos de los negocios y la vida—especialmente en una relación mentor/aprendiz. Solo se puede entrenar a un estudiante que demuestra estar listo.

Nunca trato de engatusar a nadie para que se convierta en estudiante. A veces uno quiere más para las personas que lo que quieren para sí mismas, pero hay que actuar con moderación. Si tienes que "motivar" a alguien hoy, lo tendrás que hacer *todos* los días. Así que no lo hagas. Según un dicho budista: "Cuando el alumno está listo, el maestro aparece milagrosamente". Dedico tiempo a las personas que demuestran estar preparadas, toman las acciones necesarias y producen resultados.

En las primeras etapas de un viaje, hay que celebrar los pequeños pasos y los resultados aparentemente simples. La Biblia pregunta: "¿quién ha menospreciado el día de las cosas pequeñas (o *pequeños comienzos*)?" (Zacarías 4:10). Michael Dell (Dell Computers) comenzó a ensamblar computadoras en su dormitorio de la universidad. Richard Branson (Virgin Records, líneas aéreas, refrescos, viajes espaciales, etc.) empezó vendiendo discos por correo. Ray Kroc (Restaurantes McDonald) empezó vendiendo máquinas de batidos a los restaurantes en su camioneta.

Mira a largo plazo. Estás en la escuela, pero esto no es Hogwart's. Se parece más a la agricultura que a la magia. Estás plantando semillas que pueden demorar mucho tiempo en germinar y florecer. Así que dale lo mejor de ti, pero también dale tiempo. Todo sucede a su tiempo. Un entrevistador le preguntó a un exitoso hombre de negocios japonés cuándo iba a ver los resultados de sus últimos proyectos. Su respuesta me sorprendió: "Puede ser que los resultados de mis esfuerzos actuales no aparezcan durante las vidas de mis hijos. Tal vez aparecerán mientras mis nietos están vivos." Eso es lo que yo llamo fe.

ACELERA EL PROCESO

Entiendo que no puedas esperar tanto para ver resultados. Hay tres formas de acelerar las cosas. En primer lugar, *sé entrenable*. Comprométete a hacer lo que haga falta. Si tu entrenador te dice que hagas XYZ, haz XYZ con gusto. No te limites solamente a seguir los procedimientos. Da lo mejor de ti y confía en que el entrenador sabe qué funciona. Al principio puede ser difícil e incómodo. Hazlo de todos modos. *La gente exitosa hace lo que la gente sin éxito no está dispuesta a hacer.* Es así de simple.

En segundo lugar, *di la verdad*. Sé brutalmente honesto contigo mismo y con tu entrenador. El entrenador te pregunta si lo hiciste. Tu respuesta debe ser "sí" o "no". Cualquier explicación de tu parte es superflua. El entrenador te pregunta por tus resultados y tú le das las cifras. Cualquier otra cosa es ruido. No te compliques. Mantén tu atención en hacer el entrenamiento y aprender todo lo que hay que aprender. Déjale el resultado a Dios, que da el crecimiento (1 Corintios 3:7).

Tercero, *siente hambre de aprender.* Tienes que despertar tu deseo de aprender, crecer y dominar el material. Esto me recuerda la historia del hombre que le pide al maestro Zen que le ayude a alcanzar la iluminación. El maestro Zen lleva al individuo a la playa y le mantiene la cabeza bajo el agua. Cuando el maestro finalmente le permite respirar, le dice, "Cuando quieras la iluminación tanto como querías respirar, estarás listo. Vuelve en ese momento." Parece dramático, pero necesitas ese ardiente deseo para progresar enormemente.

El único conocimiento que importa es el conocimiento aplicado. Realmente no sabes nada hasta que puedas producir los resultados que lo demuestren. Así que debes estar ansioso por aplicar lo que aprendes. Sigue en acción y presta mucha atención a lo que funciona.

A veces, incluso cuando no tienes claras tus ambiciones, encuentras un mentor que te inspira. Admiras cómo vive, cómo se relaciona con la gente, cómo piensa, y quién es. En tu viaje hacia el descubrimiento de tus propias pasiones y vocación, está bien enganchar tu vagón a la locomotora de otra persona.

Durante varios años, me sometí a la guía y enseñanza de un mentor. Bajo su liderazgo logré mi primer gran éxito y cambié de la conciencia de fracaso a la conciencia del éxito. En el camino descubrí que el Sr. Gouldd no era el único maestro en mi industria. En las últimas dos décadas, tuve muchos maestros. A pesar de todo el éxito que he tenido la suerte de tener, sigo encontrando sabiduría, perspicacia, conocimiento e inspiración de otros que han abierto nuevos caminos en los negocios y en la vida.

Mientras trabajas para alcanzar tus metas, espero que aprendas a amar este maravilloso viaje de aprendizaje y auto-descubrimiento. Por ahora, empieza a dirigirte hacia tus sueños, y encuentra un mentor con un historial probado y un enfoque en el que puedas creer.

Sé un estudiante diligente y ve a la escuela. Dedícate al camino de la maestría y promete dar lo que sea necesario para lograr tus sueños. Y nunca tengas miedo de pedir ayuda.

Preguntas para Diálogo, Reflexión y Acción:

1. ¿Cuáles son tus ideas y formas de pensar que ya están siendo desafiadas a medida que lees este libro?
2. ¿Cuándo sentiste la influencia de un mentor en tu vida? ¿Qué cualidades de ese mentor marcaron una diferencia para ti?
3. ¿Qué aspectos de tu pensamiento y habilidades pueden beneficiarse más de un mentor comprensivo?
4. ¿Cuáles serán tus principales retos al trabajar con un entrenador o mentor?

CAPÍTULO ONCE:

Compañeros de Viaje

"Sin inspiración los mejores poderes de la mente permanecen dormidos. Hay un combustible en nosotros que necesita ser encendido. Dichoso el que tiene la persona con la chispa para encender su combustible ."
—Johann Gottfried von Herder

Uno de los aspectos más desafiantes de comenzar un nuevo proyecto tiene que ver con la reacción de los compañeros, amigos y familiares. Puesto que "las aves del mismo plumaje vuelan juntas", la gente puede parecer ofendida porque quieras más de la vida. Puede ser muy solitario romper filas con los que están satisfechos con el status quo. Los amas, pero sabes que tienes que poner algo de distancia (al menos por un tiempo) para fomentar una mentalidad ganadora. Déjalos ser. Los amigos seguirán siendo amigos y la familia seguirá estando allí. Si tratas de cambiar el punto de vista y deseos de los demás, sólo te llevará a la frustración.

Esta es la buena noticia. Apenas salgas de ese cómodo grupo de pares, empezarás a descubrir individuos que comparten sueños similares. Algunos se convertirán en tus compañeros de viaje. Y si tienes un cónyuge o un amigo que comparte tus sueños, estás doblemente bendecido de compartir el viaje con ellos.

En mi camino, encontré compañeros de viaje en lugares inesperados. Algunos de mis mejores amigos son lo que la mayoría del mundo podría considerar competidores. Aunque podemos luchar alegremente de vez en cuando, podemos hablar libremente entre nosotros acerca de nuestros últimos recursos, conocimientos y "secretos comerciales" porque compartimos una mentalidad de abundancia que considera ilimitado nuestro mercado. Nos encendemos mutuamente la creatividad y nos inspiramos entre nosotros. Los líderes en todos los campos aprenden de sus pares. La estrella del básquetbol Kobe Bryant mira los videos de juegos de los mejores jugadores de su tiempo para seguir dominando su propio juego. Los artesanos de todo tipo estudian las obras y técnicas de sus colegas. Los grandes actores estudian las actuaciones de otros actores.

FORMA UN GRUPO CREATIVO

Napoleón Hill escribió en *Piense y Hágase Rico,* "La mente humana es una forma de energía. Cuando dos o más mentes cooperan en armonía, forman un gran "banco" de energía, más una tercera fuerza invisible que puede ser comparada con una Mente Maestra"(P. 199. *Nota:* Esta cita proviene del *Action Pack de Piense y Hágase Rico* edición ©1968 Hawthorn Books, Inc. / Napoleon Hill Foundation. Usada con permiso).

Hill dedica un capítulo al "Poder de la Mente Maestra" (p. 50), que define como "coordinación de conocimiento y esfuerzo, en un espíritu de armonía, entre dos o más personas para la consecución de un propósito definido" (p. 171). Hill asevera: "Esta forma de alianza cooperativa ha sido la base de casi toda gran fortuna" (p. 171).

Como señalé en el capítulo de planes y mapas, es muy útil reunir a un equipo o comunidad de personas de ideas afines para apoyarte y alentarte a alcanzar tus sueños. Quieres asociarte con los que comparten o apoyan tu propósito, deseo y determinación.

Cuando te estás iniciando en los negocios, unirte a otros que están siguiendo el mismo mapa o sistema de negocio te permite enfocar tu atención en los pasos necesarios para el éxito. Como equipo, pueden aprender mucho unos de otros. Háganse responsables de las acciones y resultados -y presten mucha atención a lo que funciona. Un proverbio dice: "Si alguno prevaleciere contra uno, dos le resistirán, y cordón de tres dobleces no se rompe pronto." (Eclesiastés 4:12). Aunque puedes enfrentar muchos desafíos en el inicio de un nuevo negocio, el apoyo de tus colegas puede ser una gran fuente de valor, fuerza e inspiración.

Mientras concentran sus energías colectivas en las acciones de desarrollo del negocio, se empiezan a descubrir las fortalezas y capacidades individuales. Para lograr los compromisos compartidos de tu grupo, es útil fomentar y animar a estas diversas personalidades, habilidades, fortalezas y puntos de vista.

Cometemos un error común cuando esperamos que los demás piensen y operen como nosotros. Una gran parte del aprendizaje de las habilidades de trato con la gente tiene que ver con el desarrollo de un profundo aprecio por la diversidad en el pensamiento humano, la motivación y estilos de comunicación.

Muchos sistemas de clasificación tratan de dar una idea de la variedad esencial de la familia humana, tales como el Indicador de Tipo Myers- Briggs, los Índices de Kolbe, el Clasificador de Temperamento Keirsey, y el perfil DISC. Es probable que en algún momento hayas tomado uno de estos tests de clasificación de personalidad. Contestas de veinte a cien preguntas, y el sistema te califica con términos como asertivo, analítico, social, agresivo, expresivo, introvertido, comprensivo, altruista, dominante, investigador, ejecutor, protector, idealista, artístico y meticuloso. Llenar uno de esos perfiles puede ser útil si queremos desarrollar una mejor comprensión de nuestro propio estilo, así como el de los demás.

Es fundamental entender que el éxito en los negocios no está a favor de un estilo sobre otro. Va a encontrar líderes en todos los negocios que pueden describirse con cualquiera de las etiquetas mencionadas. Las características comunes de todos los empresarios exitosos son el propósito, el deseo, la fe y la determinación.

Dentro del ambiente de un equipo de apoyo, cada persona empieza a apreciar los talentos que él o ella tiene para ofrecer. La dinámica entre los compromisos compartidos del grupo y diversas personalidades crea un fuerza sobresaliente, si se dedican a trabajar en armonía y con respeto mutuo. Se aprende a compartir y aprovechar las fortalezas individuales.   Observa cualquier deporte de equipo, y podrás ver esto en acción. Uno de los jugadores se destaca en lanzar el tiro, y otro se destaca en atajarlo.   Aprende a pasar la pelota de forma fluida, y mejora el juego de todos.   Como dijo el ex presidente Harry Truman: "Es increíble lo que se puede lograr cuando no importa quién obtiene el crédito".   O, como me gusta decir, "¡Deja que otros tengan el crédito y conserva el dinero!"

LOS PELIGROS DE SER MENTOR

En el trabajo en este ámbito del Grupo creativo, tienes la oportunidad de adquirir las habilidades que te llevarán a la cima de cualquier modelo de negocio.   A medida que dominas los fundamentos de tu negocio y obtienes resultados satisfactorios, naturalmente empiezas a asumir el papel del mentor.

Este puede ser un tiempo precario para muchos individuos. Este es el punto en que muchos tratan de innovar, antes de comprender realmente cómo funciona la duplicación. Descubren algo que les funciona y que incluso puede aumentar un determinado resultado. Pero por alguna razón, otros no pueden o no quieren copiar el comportamiento, así que no se puede duplicar.   Entonces se desaniman y piensan, *lo que está haciendo él no me funciona* y se tambalea el sistema.   En esta industria, *no importa lo que funciona para una persona, sólo importa lo que se puede duplicar.*

119

Cuando empiezas a ser mentor de los demás, es fácil pasar de un modo de desarrollo del negocio al modo de administración. Nada va a matar más rápido el impulso de tu negocio. Como mentor, debes modelar comportamientos que conducen al éxito. Así que siempre tienes que tomar las mismas acciones que han hecho despegar a tu negocio en primer lugar.

El Sr. Gouldd me enseñó que las únicas actividades que contribuían a mi sueldo eran despertar el interés, señalar, y promover. Estas son las actividades que duplican. Primero dominé la de despertar el interés y logré más de lo que habría imaginado con esa habilidad. El dicho del nativo americano es cierto: "El viaje de mil millas comienza con el primer paso". Lo bueno de los negocios es que comenzarán a dar frutos mucho antes de que domines todas las habilidades.

Otro aspecto de esta misma crisis de gestión surge cuando se empieza a depender de otros para lograr las metas. Esta es una receta para el desastre. Cree en los demás y en su capacidad para alcanzar sus sueños, pero nunca apuestes tus sueños a lo que cualquier persona o grupo logrará. *Solo tú eres responsable por tus metas.*

Esta puede ser una mentalidad difícil de entender, porque al final un líder siempre reconoce y edifica a los que han contribuido a su éxito. Pero un verdadero líder sabe que aunque muchas personas participan en la realización de sus sueños, la responsabilidad final de su consecución recae en él. Recuerda la parábola del sembrador. Algunos lo harán; otros no, ¿y qué? Alguien está esperando. Si sigues sembrando fielmente la semilla, obtendrás una cosecha.

VERDADERO PROPÓSITO

Cuando empecé en el negocio, me imaginé que podría ganar algo de dinero para sacarme de apuros hasta que pudiera volver a trabajar en los coches. Le pedí a Dios que me curara rápidamente para que pudiera volver a mi profesión de mecánico de automóviles. Pero como canta Garth Brooks: "Algunos de los mayores regalos de Dios son plegarias sin respuesta."

Hoy mi negocio toca las vidas de millones de personas. Sin embargo, nunca pierdo de vista cómo empezó todo. Veinticinco años atrás, me imaginaba lo maravilloso que sería tener tal vez un par de cientos de personas en mi organización. En ese momento, pensé que mi propósito era crear riqueza — y el medio para lograrlo era desarrollar una red de relaciones de negocios.

Todos los días le agradezco a Dios por no haber renunciado esa primera semana cuando parecía que "nadie tenía interés." En cambio, me presenté y escuché a mi mentor. Él me enseñó que uno se convierte en interesante para los demás al interesarse por ellos. Como dijo Mark Twain, "Nunca ha habido una vida poco interesante. Algo así es imposible. Dentro del exterior más aburrido hay un drama, una comedia y una tragedia."

Este negocio me ha permitido conocer y amar a algunos de los personajes más fascinantes del mundo. Y ahora me doy cuenta de que en los primeros tiempos lo entendía al revés: Mi objetivo final siempre ha sido construir estas relaciones hermosas y contribuir a esas preciosas vidas. Nuestro sueño compartido de creación de riqueza puede, en ocasiones, haber cautivado el foco de nuestra atención. Sin embargo, en realidad, esa ambición compartida nos brindó el medio y el camino para alcanzar nuestro mayor propósito: una verdadera amistad.

Preguntas para Diálogo, Reflexión y Acción:

1. ¿Qué personas que comparten tus sueños y deseos podrían unirse en un grupo creativo?
2. ¿Qué capacidades y fortalezas tienes para ofrecer en un equipo o esfuerzo creativo?
3. ¿En qué áreas te beneficiarás de las fortalezas y capacidades de otras personas?

CAPÍTULO DOCE

Línea de Meta: De Corredor a Establecer el Ritmo

"Un deseo ardiente de ser y hacer es el punto de partida desde el que el soñador debe despegar".
—Napoleón Hill, *Piense y Hágase Rico*, (p.35)

El sueño americano no ha muerto ni ha desaparecido. Puede parecer diferente hoy de lo que fue para nuestros antepasados. Tenemos una economía global dominada por las grandes corporaciones multinacionales, que pueden parecer intimidantes para las pequeñas empresas. Pero las nuevas tecnologías han transformado la manera de hacer negocios, y esto se ha convertido en una ventaja para el emprendedor independiente.

En su corazón, el sueño americano sigue teniendo una visión de la libertad a través de la responsabilidad personal, el auto-fortalecimiento, la iniciativa y la contribución. Este sueño sigue vivo.

LA ILUSIÓN DE LA SEGURIDAD Y LA ESTABILIDAD

Pero en nuestra cultura hay un sentimiento generalizado de resignación y desconfianza acerca de los negocios y las oportunidades. Creo que esto es el resultado de la declaración que hemos comprado acerca de encontrar la seguridad y la estabilidad en trabajar para alguien más y subir la escalera corporativa. Estas ideas de seguridad en el trabajo y estabilidad económica son ilusiones.

La autora y heroína cultural Helen Keller lo expresó con su característica valentía y claridad: "La seguridad es principalmente superstición. No existe en la naturaleza, ni los hijos de los hombres en su totalidad la experimentan. A largo plazo, evitar el peligro no es más seguro que la exposición total. La vida es una aventura atrevida o no es nada." Hellen Keller superó desafíos formidables. Perdió la vista y el oído cuando tenía un año, y aunque los especialistas de su época la habrían condenado a la vida en una institución, aprendió a hablar y a escribir y se convirtió en una inspiración para toda una generación.

LIBÉRATE

Liberarse de las ilusiones de la seguridad y la estabilidad puede tomar un esfuerzo concentrado si las circunstancias de tu vida no te empujan a una crisis. Algunos pasos pueden fortalecerte para suscitar el tipo de deseo ardiente que necesitas para liberarte .

En primer lugar, ponte en contacto con tu "¿Por qué?" Rodéate de fotos de tus seres queridos y todo lo que te motive e inspire. Luego, escribe en detalle cómo te imaginas que sería tu vida si logras el éxito en tu propio negocio. Deja volar tu imaginación. Trata de usar todos tus sentidos.

Incluye todos los elementos en tu lista (una lista de todo lo que quieres lograr, ver, o hacer antes de morir). Si ya tienes una idea de cómo podrías cumplir tus sueños, también anótala, pero no te desanimes si tu plan no está claro o necesita trabajo. Recuerda que una visión clara (tu "¿qué?") combinada con deseo (tu "¿por qué?" atraerán los elementos que conforman tu "¿cómo?"

Finalmente, escribe cómo sería si te mantienes en tu situación actual. Sé brutalmente honesto. Piensa en las contingencias que podrían presentarse. ¿Qué harías si, como yo, repentinamente no pudieras seguir en tu misma línea de trabajo? ¿Qué pasaría si tu trabajo o tu empresa fuera subcontratada, reducida, o desapareciera?

No es mi intención asustarte. Pero en lugar de esperar a que llegue tu barco, algunas veces es más prudente nadar hasta el barco mientras todavía tienes un poco de energía, recursos, y libertad de movimiento. Estoy escribiendo esto en un momento en que la economía de EE.UU. ha estado tambaleando, ¡y ahora los economistas predicen que el mercado laboral podría estancarse durante otra década! Hoy hay más gente sin trabajo en los Estados Unidos que durante la Gran Depresión.

Pero resulta que momentos como estos son muy buenos para mi industria, ya que las personas acuden a las oportunidades de ingresos cuando les falla el mercado laboral. Puedes aprovechar este movimiento y adelantarte a la tendencia - o puedes arriesgarte en el mercado laboral cada vez más competitivo. Sin embargo, esto puede ser un momento en que los riesgos de mantener el status quo son mayores que los riesgos de la actividad empresarial. Como advirtió el experto en calidad W. Edwards Deming: "No es necesario cambiar. La supervivencia no es obligatoria."

Si tienes un Grupo Creativo, comparte todo lo que escribiste con tu equipo. Comparte tu "¿Por qué?", además de tus sueños, tus planes y el futuro que puedes prever si nada cambia. También puede ayudar hablar acerca de tus miedos de entrar a los negocios por tu cuenta. ¿Has fracasado antes? Habla públicamente de tus miedos y tus últimas experiencias, con la intención de abandonarlos y reemplazarlos con confianza, basada en tu habilidad para aprender y crecer.

¿TIENES OTRA CARRERA POR DELANTE?

Para los que alguna vez han intentado y fracasado, ¿qué les puedo decir para animarlos a darle un esfuerzo más sincero? Si te da vergüenza haber compartido tus sueños con tus seres queridos, sólo para ver esos sueños destruidos, he aquí algo de sabiduría de alguien que podría parecer una fuente inesperada de inspiración para un aspirante a empresario:

Si has construido castillos en el aire, tu trabajo no tiene por qué perderse, allí es donde deben estar. Ahora ponles los cimientos debajo.
—Henry David Thoreau (*Walden*, Cap. 18.)

Esta vez será diferente. Esta vez construirás sólidos cimientos para tus sueños. Vas a trazar esa línea y dirás: "Nunca más volveré a las minas de sal." Encontrarás la fuente de fuerza interior y la fe para separarte de la manada.

Decidido a probar todo el néctar que puedas arrancarle a la vida, tendrás que alimentar la semilla de la fe y empezar a confiar en que Dios (o "el poder del universo", si lo prefieres) está para ti - animándote y alentándote a tener éxito.

Al dejar de lado las dudas y temores, empezarás a experimentar el poder del entusiasmo (que significa literalmente Dios dentro de uno). "El entusiasmo", escribió David Hume, "al ser la enfermedad de los temperamentos audaces y ambiciosos, naturalmente va acompañado de un espíritu de libertad; y la superstición, por el contrario, hace a los hombres mansos y abyectos, y los hace aptos para la esclavitud."

Tú, que perteneces a la primera categoría, te humillarás y te convertirás en estudiante de lo que realmente funciona. Aparece una nueva tendencia y las masas se burlan. Pero tú la ves con más detalle. Preguntas, "¿Qué está pasando aquí? ¿Qué necesidad satisface esto? ¿Qué está cambiando en el mercado?" Y al estudiar lo que realmente funciona y hace una diferencia en los negocios y en la vida, descubrirás tus propias fortalezas y talentos, y te darás cuenta de que siempre has tenido mucho de valor que ofrecer al servicio de los demás.

A lo largo de tu camino descubrirás muchos secretos para el éxito. Aunque puede haber sólo algunas actividades que aumenten tu sueldo, aprenderás que *la forma* de realizar estas acciones hace toda la diferencia.

Descubrirás lo que quería decir Wallace Wattles cuando escribió que la gente "se hace rica haciendo las cosas de *cierta manera*." Aprenderás el poder de la gratitud y de ser creativo en lugar de ser competitivo.

Descubrirás que tu fortuna aumenta a medida que crece tu fe. Al dejar de lado los miedos y creencias limitantes y abrirte a nuevas formas de pensar y de ser, te convertirás en una persona más atractiva. Y atraerás naturalmente todos los recursos y las personas necesarias para tu éxito.

Incluso cuando te hagas cada vez más consciente de la diferencia entre tu propia fe tierna y la conciencia de éxito de tu mentor, no te detendrán los pensamientos que paralizan a los demás. En cambio, tu seguirás con confianza, valentía y la decisión de crecer y aprender. Alimentarás tu alma y tu mente todos los días con ideas como estas:

Lo importante es esto: ser capaz, en cualquier momento de sacrificar lo que somos por lo que podríamos llegar a ser.
—Charles Du Bos

Porque yo sé los pensamientos que tengo acerca de vosotros, dice el Señor pensamientos de paz y no de mal , para daros un futuro y una esperanza.
—Jeremías 29:11

No podemos posponer la vida hasta que estemos listos. La característica más sobresaliente de la vida es su carácter coercitivo; es siempre urgente, "aquí y ahora", sin posible aplazamiento . La vida se nos disparará a quemarropa.
—José Ortega y Gassett

Te despertarás cada mañana con la idea de que este es el día en que todo sucederá. ¡No hay *otro* momento! Al tener compasión por todos, te dedicarás a trabajar con los que tienen oídos para oír, aquellos que están dispuestos e interesados hoy en lo que tienes para ofrecer.

De manera incansable y fiel sembrarás semillas de esperanza y posibilidad, y confiarás los resultados a Dios que (fielmente) da el crecimiento. Hallarás alegría y satisfacción en estar al servicio de las personas - y en aprender a escuchar y observar y realmente preocuparte profundamente por los demás.

Llegarás a amar el proceso a medida que dominas las habilidades y acciones que, con persistencia, inevitablemente producen resultados en constante expansión y éxito.

Aprenderás a amar el viaje por el viaje mismo y disfrutarás de los maravillosos regalos, descubrimientos, y dividendos a lo largo del camino. Como escribió Marcel Proust: "El verdadero viaje de descubrimiento no consiste en buscar nuevos paisajes, sino en tener nuevos ojos."

Al final podremos reflexionar sobre nuestro viaje y preguntar: "¿Valió la pena el esfuerzo?" Desde mi experiencia, tengo que decir que el logro de las metas que me propuse alcanzar podría no ser la mejor recompensa por haber tomado este camino. Las lecciones que aprendí, la persona que descubrí que era, y sobre todo las enriquecedoras relaciones con gente maravillosa que gané en el camino, son mis mayores recompensas. Ruego que seas igualmente bendecido.

Sea cual sea tu viaje, ¡ajústate el cinturón de seguridad y disfrútalo!

Preguntas para Diálogo, Reflexión y Acción:

1. ¿Tienes otra carrera por delante?
2. ¿Qué piensas hacer hoy para avanzar hacia tu sueño?

Agradecimientos

Ambos, Robert y Max quieren expresar su agradecimiento a los grandes líderes de UnlimitedProfits.com que han mantenido la empresa floreciente y en expansión, mientras nosotros dedicábamos tiempo a la producción de este libro. Un agradecimiento especial a Bill Ebert y su maravillosa familia.

Robert

Mi sueño de ser un autor no habría podido ser realidad de no haber sido por mi rica amistad por los últimos veinte años con Max Miller. Por esto Agradezco a Dios que es con quien paso el tiempo.

Mi vida ha sido bendecida por una larga lista de mentores que me han enseñado los secretos del éxito y una vida feliz (personalmente y a través de libros y grabaciones). El Sr. Gouldd, por supuesto, fue mi primer mentor de negocios, y siempre le estaré agradecido por su orientación e instrucción. Y siempre estaré agradecido por la la sabiduría y el gran ejemplo de mi ex empleador, Roger Penske. Me he beneficiado de la sabiduría de muchos otros gurús del éxito. Además de varios mencionados en el libro, me gustaría agradecer a los líderes de la industria de marketing que han tenido una gran influencia sobre mí, incluyendo a Eric Worre, Tom "Big Al" Schroeder, y Jim Rohn.

Siempre le estaré agradecido a Sean Hennigan, quien tuvo el valor de compartir una oportunidad conmigo hace veinticinco años. ¡Gracias, Sean!

Quiero extender un agradecimiento muy especial a mis queridos amigos Joven y Maricar Cabasag por todo su amor, soporte y liderazgo.

Dios me ha bendecido con el privilegio de ser mentor de varias personas que también han sido mis mentores y se convirtieron en grandes amigos en el camino, incluyendo a Tony y Mike Cupisz, Tony Potter, Michael Marumoto, Chris Tidwell, Jorge G. Suárez Turnbull, Bob Cline, Fred Herzog, Alberto Martinez, Llecenia Robles, David Gonzalez, Freddie Aguirre, the Golden Eagles team, Alma & Cecilio Zaragoza, Cecilio Zaragosa, Jr., Scott Mercker, Matt Tucciarelli, Luis Landeros, Abner & Gloria Ruiz Montoya, Jose Gonzales Barragan, Dolores Vargas, Ana Lorena Aguilar, Olga Loya, Mitchell Jose Gonzales Aliaga, Vilma Soledad Flores Quiñones, Carlos Silva, Julio Hernando Agudelo Rincon, Reinaldo Barbosa Montes, Grupo de Apoyo Empresarial SAS, the San Francisco del Mar Inc. team, Yhene Marisol Palomino Fernandez, Blance Solorio, Michael Accurso, Ruben Cardenas, Ray Rodriguez, Jose Alirio Ortiz, Jeison Arnulfo, Parra Mora, Hernan Gomez, Isabel Ramos, Rubiela Marin Orozco, Andres Felipe Guzman Matallana, Frank Nicolay López Guevara, Hilda Moreno Diaz, Luis Gonzalez Mora, Angelina Calvillo, Bertha Rodriguez, David Guzman, Martha Bermudez Cruz, Urbein Morillon, the CJ Innovative Life team, Tiffany Johnson, the Creating Greatness team, James Wiggins (and the Boss I Quit team), Rosie Limon, Jorge & Kristal Barajas (and the VIP team), Ricardo Ornelas, Javier Ramos, Ana Lorena Aguilar, Tomas Rodriguez, Paul & Carmen Stevens, Milo Sanchez, Stephanie Chang, Kim Lo, Olga Loya, Martha Bermudez, Gregorio Amador, Jose Ramos, Lovell & M-Jai Scotton, Baltazar Avila, Angelina Calcina, Urbein Morillon, Jonathan Puga, Mike Ryckman, the Gano Dream Team, Jeff Holmes, Hannah Ebert, Josh Flowers, Lupita Garcia, Maro Gil, y Hugh Benjamin.

Para aquellos que han leído mi historia puede parecer extraño, pero siempre me gusta agradecer a mi padre y a mi madre, cuyas elecciones de alguna manera me dieron las motivaciones y deseos de lograr todo lo que tengo. Estoy agradecido por mi suegra y difunto suegro, Moneen y Sam Means. Sam fue el mejor ejemplo de un hombre.

Doy gracias todos los días por mis tres maravillosos hijos, Robert Jr., Matthew y Kyle, quienes se están convirtiendo en hombres tan notables. Ustedes son mi "¿Por qué?" y saben que los quiero mucho.

Mi bella esposa, Teri, es quien merece elogio y reconocimiento por encima de todo. Estable como una roca, siempre es mi lugar suave para aterrizar. Ella siempre me ha apoyado en mis aventuras y desventuras, y siempre ha mantenido nuestra casa y nuestra vida a través de todo tipo de pruebas y caos. Tener una persona que me ama incondicionalmente, y siempre es mi fan número uno, me ha permitido llegar a ser el hombre que soy hoy. Te amo, Ling.

Max

Siempre estaré agradecido con mi padre (Bob) que pacientemente me enseñó a escribir frases coherentes. Gracias a mis otros maestros y mentores que alentaron y perfeccionaron mi escritura y pensamiento: Mike Manley, Jim Chandler, Candace Shivers Morgan, y Crerar Douglas. Un gran agradecimiento a mi impresionante editor, Andy Scheer, quien reforzó mi escritura y dejó todo limpio y bonito.

Gracias de corazón a mis queridos amigos que me alentaron y apoyaron: Terry Olson, Leonard Lane, Philip Spradling, Jeanette Mann, Terry Finn, Christina Via, Lisa and Balaji Chanamolu, Alex Theodossis, Zile Dzenitis, Heidi Wood, Doug Fruehling, Alan Coker, David Svatos, y Chris McMackin. Un especial agradecimiento a mi socio y colaborador desde hace mucho tiempo, que siempre inspira y me sorprende, Craig McNair Wilson.

Amor y agradecimiento a mi magnífica familia: cuatro maravillosos padres (Pat and Bob McDonell and Jim and Mary Miller), seis inigualables hermanos, cuatro sorprendentes parientes políticos, trece brillantes sobrinas y sobrinos, y el resto de las tribus extraordinarias de Millers, Stones, McDonells y Johnses que han bendecido mi vida. ¡Y un grito eufórico a mi prima del alma, animadora y compañera de viaje, Amy Miller!

A mi mejor amiga, Ashish Rohira, mucho amor y gracias por siempre inspirarme a vivir con compasión y gracia.

Gracias, Robert Hollis, por permitirme ser testigo de tu extraordinaria vida durante estas últimas dos décadas. Eres único. ¡Tu amistad es una prueba de que estoy "bendecido y altamente favorecido!"

APÉNDICE:

Combustible
y Otros Recursos

LIBROS, LIBROS ELECTRÓNICOS Y AUDIOLIBROS

Hay enlaces a estos recursos en*www.HowIsThatWorking.com*

El Sistema de la Llave Maestra de Charles F. Haanel

Originalmente ofrecido como un curso por correspondencia en 1912, este libro presenta un enfoque sistemático para crear la vida de tus sueños. Ha influido a generaciones de empresarios, inventores y líderes. Estudia y aplica estos principios y prácticas y tu vida nunca volverá a ser la misma.

La Ciencia de Hacerse Rico, de Wallace D. Wattles

Publicado por primera vez en 1910, este libro es el abuelo de los libros de autoayuda. Reconocido por muchos de los entrenadores de éxito más conocidos como Rhonda Byrne (autora de El Secreto) como una fuente de sabiduría sobre la creación de riqueza. Compra tu propia copia y léelo una y otra vez.

Piense y Hágase Rico, de Napoleón Hill.

Este es el volumen citado en los primeros capítulos de este libro. Durante décadas fue uno de los cinco libros más vendidos de todos los tiempos, y todavía podría ser el libro más citado sobre el éxito, aparte de la Biblia. Puedes ver al autor leyendo el libro en YouTube.
Robert Hollis con Max J. Miller

Cómo ser Rico, de J. Paul Getty

En este libro, el primer multimillonario del mundo ofrece ideas y estrategias para la creación de riqueza. Presenta una filosofía y criterios para la evaluación inteligente de las oportunidades.

Padre Rico, Padre Pobre, **de Robert Kiyosaki**
Este libro te abrirá los ojos a las diferencias reales en los valores y actitudes que separan a los ricos de los pobres. Esta es una lectura obligada para cualquier persona que desee la libertad personal y seguridad económica.

El Secreto Más Extraño, de **Earl Nightingale**
He aquí un libro que se puede leer en una hora, pero es posible que quieras leerlo todos los días. Puedes escuchar al autor leyendo el libro en YouTube.

Como Piensa un Hombre, **de James Allen**
Un verdadero clásico de la literatura de autoayuda, escrito en 1902.

Autobiografía de Benjamín Franklin **por Benjamín Franklin** Quizás el primer libro de autoayuda en los EE.UU. por el gurú original del éxito del país.

SITIOS WEB, COMUNIDADES WEB, REDES SOCIALES
www.HowIsThatWorking.com
Únete a la conversación en línea acerca de este libro. Suscríbete a nuestro boletín de noticias y fuentes RSS. Descargar material extra e interactúa con los autores.

www.TheWayOutIsUP.com UP (Unlimited Profits University) (Universidad de las Ganancias Ilimitadas) proporciona capacitación, herramientas y apoyo para quienes buscan construir un negocio usando los medios sociales y las poderosas estrategias en línea de Robert Hollis.

www.UnlimitedWisdom.com
Una bóveda del tesoro de recursos para el éxito, el desarrollo personal, y para disfrutar de una vida más rica.

www.GivingItForward.com
El sitio personal de Robert Hollis. Enlaces a recursos y oportunidades.

www.MaxJMiller.com
El sitio personal de Max J. Miller. Incluye el blog de Max, libros, videos, audios y otros recursos.

Para saber más sobre los programas de coaching y capacitación de Robert Hollis, por favor visita su sitio web.   Danos tu nombre y dirección de correo electrónico para acceder a más de 100 horas de audio y video de entrenamiento gratuito de Robert. No compartiremos tu información fuera de nuestra organización.

Usa este portal para que podamos enviarte
material adicional para nuestros lectores:

http://www.TheWayOutIsUP.com
http://www.comovaeso.com

www.ingramcontent.com/pod-product-compliance
Lightning Source LLC
LaVergne TN
LVHW021510080426
835509LV00018B/2462